CW01663950

RHODOS

het eiland vande de zon

EDITIONS TOUBI'S ΕΚΔΟΣΕΙΣ

Het is verboden het onderhavige werk geheel of gedeeltelijk op welke wijze dan ook weer uit te geven of te reproduceren; het is eveneens verboden het te vertalen, te bewerken of er gebruik van te maken door het werk, het woord of de vakkennis op welke wijze dan ook te reproduceren, dit in overeenstemming met de bepalingen van wet 2121/1993 en het Internationale Verdrag van Bern-Parijs, dat door wet 100/1975 bekrachtigd is. Het is eveneens verboden de layout, de opmaak, de omslag en meer in het algemeen de gehele esthetische uitvoering van het boek met behulp van fotografische, elektronische of welke andere middelen dan ook te reproduceren, dit in overeenstemming met artikel 51 van wet 2121/1993.

© Copyright MICHALIS TOUBIS PUBLICATIONS N.V.
Nisiza Karela, Koropi, Attiki
Telefoon: +30 210 6029974, Fax: +30 210 6646856
Web Site: http://www.toubis.gr

ISBN: 960-540-153-3

"Vanuit de diepe wateren bloeide het eiland Rhodos op
kind van Aphrodite, godin van de liefde,
om bruid van de Zon te worden"

Pindarus

Uw relatie met een eiland als Rhodos kan er slechts een van liefde zijn. Het is allesbehalve toevallig dat vanuit haar wateren godin Aphrodite oprees, wier uiterst fraaie standbeeld te zien is in het Archeologisch Museum, het voormalige Ridderhospitaal. Onder alle omstandigheden ontstaat een dergelijke relatie, tussen het eiland, de inwoners en de bezoeker. De gouden zon, de azuurblauwe zee, de bougainvillea's en de klimop, de Middeleeuwse stad, het dichte groen, het indrukwekkende Castello (Kasteel), de landhuizen met de Indische jasmijn, het nieuwe centrum met de cosmopolitische atmosfeer en de moderne winkels staan onuitwisbaar in je geheugen gegrift. Vóór alles de Oude Stad, de fonteinen, Rodini, Paradissi, de Vlindervallei, groene oorden, velden vol bloemen en de uitstekende hotelfaciliteiten, behorend tot de beste van Griekenland. Wat komt het eerst in je gedachten? De herten van Tafros, de vaartuigen in alle soorten en maten met hun masten die een waar bos vormen in de Mandraki en Limani-havens, de cruiseboten die voortdurend af en aan varen, de dagtoeristen die per boot vanuit Symi komen, de golven die schuimend stukslaan bij Neorio. Wat zou dat alles echter betekenen, als niet de tradities in kunst en cultuur zo levend waren? De Evangelismos (Maria Boodschap)-kerk met de wandschilderingen van Kontoglou, de Pinakotheek met representatieve werken van de grootste Nieuwgriekse kunstenaars, de tentoonstelling van de unieke collectie Byzantijnse en Laat-Byzantijnse kunst, de theaters, de concerten, de Bibliotheek en het Archief voor geschiedenis-speurneuzen. Hoevelen hebben niet dit ongeëvenaarde hoekje van Griekenland bezocht, Grieken en vreemdelingen? Allen hebben hun sporen nagelaten. Hier, en ook in Kamiros en in Lindos. U moet uw kennismaking met het eiland vervolmaken met een bezoek aan het andere uiteinde, Agios Pavlos. Sterk is de traditie dat de apostel die het Christendom stichtte, deze wateren overstak. Gennadi, dat toen ik er voor het eerst kwam een vissersdorpje was, is nu een welvarend kustdorp. Attaviros, dappere "strijdheuvel", de dorpen met de schilderachtige zeden en gewoonten, Archangelos, Embona, Afantou en andere.... Hoeveel strijden zijn gestreden opdat deze grond Grieks zou blijven en de inwoners Orthodox. Onder de moeilijkste omstandigheden. Heel Rhodos is één fraaie prent. Het is zonde voet te zetten op dit lieflijke grondgebied en het niet in je hart te sluiten.

I.M. HATZIFOTIS

INHOUD

1. RHODOS

2. GESCHIEDENIS

3. DE RIDDERS VAN RHODOS

5. MIDDELEEUWSE STAD

6. MUSEA

INHOUD

1

RHODOS

Het eiland van de Zon
Ontstaan en naam - Geografisch gezien

Het ontstaan van Rhodos wordt verbonden met een Mythe, die Pindarus aanhaalt. Volgens deze mythe besloot Zeus, in de tijd dat hij zijn overwinning op de Giganten behaalde en heerser over de aarde werd, deze te verdelen onder de Olympische goden. Bij deze verde-ling was echter god Helios (de Zon) afwezig en "niemand dacht eraan ook hem zijn deel te geven en zo bleef deze god geheel zonder grondgebied". Toen Helios terugkeerde, deed hij zijn beklag bij Zeus over deze onrechtvaardigheid die hem was aangedaan en verzocht zijn vader hem te beloven dat alle land dat uit zee oprees, van hem zou zijn. En inderdaad, terwijl hij sprak, begon langzaam uit de diepte van de blauwe zee een schitterend eiland vol bloemen op te rijzen. Dat was Rhodos. Helios liep over van geluk, overgoot het eiland met zijn licht en maakte het tot het mooiste eiland van de Aegeïsche Zee. Een andere mythe schrijft het ontstaan van Rhodos toe aan de liefde van Helios en de Nimf Rhodos, die een dochter was van Poseidon, god van de zee. Toen hij haar zag, god Helios, kwam hij volgens de mythe zo in de ban van haar schoonheid dat hij haar tot zijn vrouw maakte. Met haar verwierf hij een dochter en zeven zonen. Nog steeds volgens de mythe kreeg Cercaphos, een van de zonen, de kinderen Kamiros, Ialyssos en Lindos die de drie grootste steden van het eiland stichtten. Volgens sommigen kreeg het eiland haar naam naar de nimf Rhodos en volgens anderen naar de bloem "rhodo" (=roos). Op het eiland van de mythes en de bloemen hebben de eeuwen tekenen van rijkdom en voorspoed achtergelaten. Haar geografische ligging heeft een belangrijke rol gespeeld in de opkomst van de handel, reeds vanaf prehistorische tijden, evenals in de zekerstelling van lange periodes van voorspoed gedurende haar drie duizend jaren oude geschiedenis.

RODI
RHODES
RHODOS
RODI
ΡΟΔΟΣ
RHODUS
FILERIMOS
KALITHEA
BUTTERFLIES
FALIRAKI
KAMIROS
CASTELLO
EMBONAS
MONOLITHOS
LINDOS

Rhodos, de parel van de Middellandse Zee, zoals het eiland genoemd wordt, heeft een enorme rijkdom te bieden aan zowel natuurlijke als archeologische schatten. Daarom heeft de UNESCO het kort geleden uitgeroepen tot cultuurmonument met wereldwijde betekenis. Dankzij het fantastische klimaat en de uitstekend georganiseerde toeristenfaciliteiten is het het hele jaar door geschikt voor een heerlijke vakantie. Rhodos ontvangt duizenden bezoekers van over de gehele wereld. Men komt hier om de archeologische terreinen te bezichtigen, te genieten van de natuurlijke schoonheid en om te genieten van de schone zee die ligt te glinsteren in de stralen van de "schitterende zon".

Oneindige stranden, schilderachtige baaien, een rijk onderwater-leven, kristalheldere bronnen, diep beschaduwde valleien en dicht begroeide berghellingen, monumenten uit alle periodes, helderwitte dorpjes en goedhartige eilandbewoners, dat zijn de voornaamste kenmerken van dit fraaie eiland.

In de schitterende "Vlindervallei" kan men zelf vaststellen hoezeer een mens kan genieten van zoveel schoonheid en harmonie, als men openstaat voor de grootsheid van de natuur.
Even buiten de stad Rhodos, in een dichtbegroeide vallei, is het Rodini-park.
Hier leven en broeden pauwen.
Dichtbij de oostkust ligt de prachtige beek "Epta Piges" (=zeven bronnen) die met haar water een kunstmatig aangelegd meer vult.
Op Rhodos zijn geneeskrachtige bronnen, midden in een gebied van prachtige natuurlijke schoonheid, bij de kust, op een plek met de naam Kallithea. De berg Profitis Ilias wordt beschouwd als de oerwoning van de herten van Rhodos. In de uitlopers ervan ligt de bron "Nymfi" die de stad Rhodos van water voorziet.
Overgoten door de zon en begunstigd met een vruchtbare bodem brengt Rhodos verscheidene van de beste vruchten en groenten van het gehele Middellandse Zeegebied voort.
Op vele plekken worden druiven verbouwd, die de beroemde geurige Rhodos-wijn opleveren.

Rhodos, dat eiland van smaragd, ligt in het noordoostelijke bekken van de Aegeïsche Zee, en vormt een schakel tussen oost en west. Het is het grootste en tevens belangrijkste eiland van een groep van ongeveer tweehonderd eilanden, bekend als Dodekanesos. Enkele eilanden hiervan, zoals Rhodos, rezen boven de zee uit door grote aardbevingen in een ver verleden. De versteende schelpen in de berghellingen bevestigen dit feit en versterken de mythe over haar ontstaan. Rhodos ligt 270 zeemijlen van Piraeus vandaan en wordt omringd door de eilanden Symi, Tilos, Chalki en Alimia en de rotsformaties Tragoussa, Makry, Strongyli, Drossonissi, Prassonissi, Galouni en Tetrapoli.

Het heeft een oppervlakte van 1.400 km^2, is 78 km lang en heeft een grootste breedte van 38 km. De kustlijn is 220 km lang en bestaat voornamelijk uit vlakke zandstranden, onderbroken door steile rotsen. Aan de uiterste zuidpunt van het eiland ligt Prassonissi, met het eiland verbonden door een smalle zandstrook.

Het oppervlak is voornamelijk bergachtig met kleine vlakke gebieden, valleien en hoogvlaktes. De hoogste berg is de Attavaros (1.215 m), andere lagere bergen zijn de Akramitis (825 m) en de Profitis Ilias (798 m).

Rhodos heeft gemiddeld 300 dagen zonneschijn per jaar. Die voortdurende zonneschijn en het zachte klimaat maken het eiland ideaal voor druiventeelt.

Het uitstekende klimaat, de vruchtbare bodem en de geografische ligging waren vanaf de oudheid tot aan vandaag de voornaamste redenen dat Rhodos dicht bewoond is.

Het eiland telt vandaag de dag ongeveer 90.000 inwoners, die meer dan 1.250.000 bezoekers per jaar kunnen herbergen. Bezoekers die komen genieten van de natuurlijke schoonheid van het eiland en willen kennismaken met de lange geschiedenis ervan.

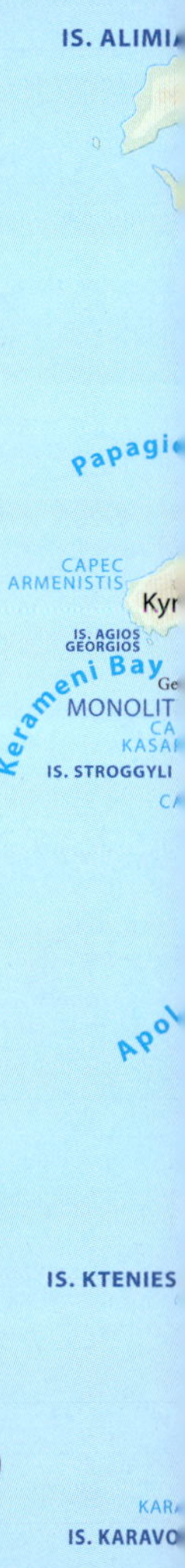

RHODOS
RODOS
CAPE ZONARI
CAPE TON MYLON
Trianta Bay
Kritika
M. Faneromenis
Ialissos (Trianta)
Ixia
Tris
Agia Marina
Kremasti
Vagies
Apollon
Reni Koskinou
Paradisi
IALYSSOS
MT. FILERIMOS
Kandili
M. Profiti Ilia
Sgourou
Koskinou
CAPE VODI
B. Theologos
M. Timiou Stavrou
M. Panagia Filerimou
Agia Varvara
Kato Kalamonas
M. Agios Nikitas
Pastida
Pezoula
Thermes Kalitheas
B. Soroni
Damatria
MT. LOUKA
Vrysia
B. Fanes
Theologos (Tholos)
Ammoudes
B. Anemomilos
Soroni
Agios Loukas
M. Panagia Pantanassa
Maritsa
MT. KOUMOULIA
M. Panagias
M. Agias Eleousis
KALITHEAS GULF
Fane
Epano Kalamonas
M. Metam. Sotiros
SARANTAPICHOS
B. Faliraki
CAPE AGIAS MINAS
Metamorfosi
PETALOUDES
Faliraki
Kalavarda
M. Agios Syllas
Kalythies
M. Profitis Amos
KAMIROS
M. Panagia Kalopetra
B. Antony Quinn
CAPE POUNTAKLA
Faneromeni
CAPE NISI
Agia Anna
Psinthos
B. Ladikou
MT. PSINTHOS
MT. PSALIDA
AETOVOUNO
B. Traganou
B. Mandriko
Panagia Iamatiki
AFANDOU GULF
Mandriko
Agios Ioannis
MT. AGARIA
Afantou
Kamiros Skala
Salakos
Panagia Katholiki
Kapi
Dimylia
M. Panagia Eleousa
Agios Dimitrios
Panagias Parmanitissis
Agios Andreas
M. Profitis Ilias
NYMFI
B. Afandou
CAPE KOPRIA
Nani
Agios Nikolaos
KASTELLOS (KRITINIA)
M. Nanous Panormiti
Eleoussa
Archipoli
M. Panagia Paramithias
B. Plaka
MAKRI
Apollona
Platania
Agios Thomas
Kolympia
IS. DROSINISI
Kritinia
M. Agiou Nektariou
EPTA PIGES
CAPE VAGIA
Panagia Kariona
Agios Ioannis
ROGYLI
Koutsoutis
Agia Marina
B. Kolympia
Agios Petros
MT. MESSOVOUNO
M. Panagia Kyra Napenis & Sotiros
B. Paleochora
Panagia Amartos
MT. TRIA VOUNARIA
CAPE TSINIKI
M. Apollona
Agia Platanitissa
M. Panagia Tsampika
B. Tsampika
Emponas
MT. ASSOURI
Ag. Konstantinos
Petrona
Sfougaria
MT. AMARTOS
ATAVIROU DIOS
Archangelos
Stegna
MT. CHOCHLAKANOS
ARCHAGELOU
Agios Nikolaos
M. Agios Ioannis Artamitis
IS. NISAKIA
Malona
Gialia Bay
Prof. Ilias
B. Lakki
Lakki
Zoodochos Pigi
Agios Georgios
CAPE ARCHAGELLOS (KOUMELOS)
Profitis Avakoum
MT. PACHNOVOUNO
M. Kamiri
Stavros
Massari
Agia Agathi
B. Agia Agathi
Klisouras Bay
MT. ATAVIROS
SOULOUTRANAS
Stelies
Agia Sofia & Agia Irini
Ag. Georgios Loryma
FARAKLOS
Zoodochos Pigi
Agios Isidoros
GADOURA DAM
CAPE OMVRIAKI
Charaki
Siana
Laerma
Agios Ioannis
Agia Anastasia
B. Masari
RENI GULF
Panagia
M. Panagia Trifenniatissa
MT. THINA
MT. STRONGILI
Kalathos
B. Kalathos
M. Thari
MT. AXTOUNA
MYCENEAN CEMETERY
MT. INKO
M. Inko
Istrios
Pylonas
Vlicha
CAPE EMILIANOS
M. Ipsenis
Agios Georgios
Ag. Georgios Vardas
Profilia
MT. SANTOUROS
Lardos
Panagia Katholiki
Lindos
LINDOS
Agios Georgios
Ag. Marina
Agios Ioannis
Ierousalim
Apostolos Pavlos
Agios Ioannis
BYZANTINE
Agios Thomas
IS. PENTANISI
MT. MARMARI
Askliplio
Pefki
Ag. Nikolaos
Agios Georgios
Apolakkia
M. Filimonos
Vati
B. Lardos
B. Makris
B. Lothiarika
B. Agios Georgios
Tichos
Limanaki
IS. PENTE VRACHI
Arnitha
B. Glistra
Lardou Bay
Sotiras
Agios Nikolaos
Arch. Michail
CAPE GKINAS
Agios Ioannis
Agios Georgios
Kiotari
MT. KOUKOULIARIS
B. Kiotari
MT. ASPRES
Gennadi
B. Gennadi
M. Skiadi
MT. VOUNI
Agios Georgios
Messanagros
Metamorfosi
Agios Georgios
GENNADIOU GULF
Agia Paraskevi
Prof. Ilias
Agios Thomas
Agios Thomas
MT. KOPANAS
Agios Ioannis
B. Lachania
MT. PELEKANOS
Agios Nikolaos
Agios Georgios
Lachania
Agios Theodoros
Profitis Ilias
Agia Irini
CAPE AGOMASI
Agios Pandeleimonas
Kattavia
Chochlakas
Agios Loukas
Agios Nikolaos
Agios Pavlos
CAPE ISTROS
MT. VIGLA
M. Zoodochou Pigis
Plimmyri
Agios Georgios
B. Plimmyri
CAPE GERMATA
Agios Georgios
B. Agios Georgios
ANCIENT SETTLEMENT
CAPE NISOS
OROS
CAPE KATAVIA
CAPE PRASO
B. Prasonisi
PRASSONISSI
DODEKANESOS
PATMOS
LIPSI
LEROS
KALIMNOS
KOS
NISYROS
ASTYPALAIA
SIMI
RODOS
TILOS
ANTITILOS
ALIMA
SYRNA
CHALKI
SARIA
KARPATHOS
KASTELORIZO (MEGISTI)
STRONGILI
RO
KASOS

2

GESCHIEDENIS

Prehistorie - Klassieke Oudheid - Romeinse Tijd Byzantijnse, Middeleeuwse en Moderne tijd

De geschiedenis van Rhodos, zoals trouwens van geheel Griekenland, begint in de duistere tijd van de mythen. In die mythische periode werd het eiland bewoond door Telchinen, een vreemd volk, begiftigd met magische eigenschappen. Die Telchinen, door velen beschouwd als demonen, waren tevens beroemde metaalbewerkers. Zij ontwierpen het gevreesde lancetvormige zwaard van Cronus en de drietand van Poseidon. Bovendien zouden de eerste bronzen beelden van de Olympische goden van hun hand geweest zijn. De Telchinen werden van Rhodos verdreven door de Heliaden, de kinderen van Helios (de Zon) en de nimf Rhodos (dochter van Poseidon). Als eerste inwoners van het eiland worden de Cariërs beschouwd, een volk uit het tegenoverliggende Klein Azië. De Cariërs werden opgevolgd door de Phoeniciërs, die Rhodos tot een vooraanstaand handelscentrum maakten. Cadmus stichtte er de eerste Phoenicische kolonie en voerde het eerste Alfabet in.

In de geschiedschrijving van het oostelijk Middellandse Zeegebied doet Rhodos haar intrede vanaf de tijd dat er zich kolonisten uit het Minoïsche Kreta vestigden. Die Minoërs leefden er vele eeuwen in vrede, tot er nieuwe kolonisten op het eiland aan kwamen. Dat waren de Helleense Achaeërs uit Mycene, Tyrins, Argos en Attica. Na hun vestiging in dit nieuwe vaderland, rond 1400 v. Chr., stichtten zij een sterk Rijk, dat zich al snel uitbreidde tot de naburige eilanden en over een groot gebied van het nabije Klein Azië. De weg van de Achaeërs volgden enkele eeuwen later de strijdlustige Doriërs. Zij namen Rhodos in en stichtten er de steden Lindos, Ialyssos en Kamiros, die grote macht en rijkdom verwierven.

De Rhodenzers namen met negen schepen onder leiding van Tlepolemus, zoon van Heracles, deel aan de Trojaanse Oorlog. De aanvoerder van de "onverschrokken Rhodenzers" sneuvelde echter in de strijd, samen met Sarpedon, vóór de muren van Troje. De drie grootste steden van het eiland, Kamiros, Ialyssos en vooral Lindos, stichtten van 1000 tot 600 v. Chr. vele koloniën langs de kusten van Klein Azië, Sicilië, Frankrijk en Spanje.

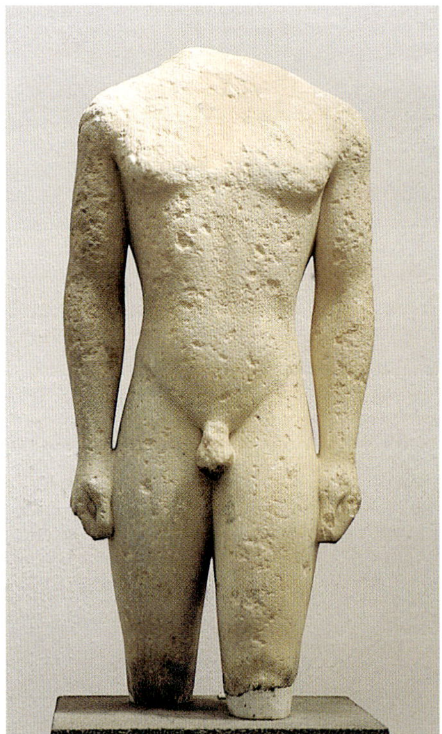

Kouros, 6de eeuw v.Chr.

Hoofd van Helios, Archeologisch Museum van Rhodos, 2de eeuw v. Chr.

Klassieke Oudheid

De drie steden die we hiervoor noemden behielden aanvankelijk hun bestuurlijke onafhankelijkheid maar verenigden zich later met de andere Dorische steden Kos, Cnidus en Halicarnassus om de zogenaamde "Dorische Hexapolis" (="zesstad") te vormen, een soort bondsstaat met gelijkgerichte politieke en godsdienstige idealen, met als basis de Tempel van Apollo Triopius vlakbij Cnidus. In de 5de en 4de eeuw v. Chr. kwam Rhodos onder invloed van de Perzen, tezamen met Ionië en de overige kustgebieden van Klein Azië. De Meden vertrokken, na hun nederlaag in de oorlog tegen de Hellenen. Rhodos werd vervolgens lid van de Delische Alliantie, onder Atheense hegemonie. Later, en tijdens de Pelopponnesische Oorlog, stonden de Rhodenzers dan weer onder invloed van de Atheners en dan weer van Sparta, om zich uiteindelijk aan de zijde van deze laatsten te scharen. Nog tijdens de Peloponnesische Oorlog, en om hun zekerheid te vergroten, werd tot het stichten van een nieuwe stad besloten door het verenigen van de drie grootste steden van het eiland (Kamiros, Ialyssos en Lindos). Op initiatief van Dorius, zoon van Diagoras, Olympische Spelen-winnaar, werd de nieuwe hoofdstad gesticht aan het noord-oostelijke uiteinde van het eiland, en evenals het eiland Rhodos genoemd. De stichting van de stad, geplaatst in 409 v. Chr., was een mijlpaal in de geschiedenis van het eiland. De fraaie hoofdstad stond evenals de rest van het eiland onder invloed van dan weer Athene en dan weer Sparta, tot uiteindelijk duidelijk werd welke rol Macedonië speelde in de Griekse zaken. De Rhodenzers schaarden zich aan de zijde van de Macedoniërs en lieten toe dat dezen een legereenheid in hun stad huisvestten. Later, tijdens het beleg van Tyros, hielpen zij Alexander bij de inname ervan. Na het uiteenvallen van het keizerrijk van Alexander de Grote ging Rhodos nauwe handels- en politieke betrekkingen aan met de Ptolemeeërs uit Egypte, iets dat niet bepaald gewaardeerd werd door Antigonus, koning van Syrië, daar deze betrekkingen een alliantie inhielden van Rhodos met Egypte tijdens de oorlog die hij van plan was in de toekomst tegen Egypte te beginnen.

Vrouwenhoofd, Archeologisch Museum van Rhodos.

En zo zond hij in de zomer van 305 v. Chr. zijn zoon Dimitrios de Veroveraar om de stad in te nemen. De Rhodenzers wisten ondanks de grote overmacht van de belegeraars een heel jaar stand te houden en Dimitrios tot opheffing van het beleg te dwingen. De grote generaal vertrok beschaamd met achterlating van zijn befaamde belegeringswerktuigen. Die werktuigen werden later door de Rhodenzers verkocht en van de opbrengst ervan werd als teken van erkentelijkheid aan de Olypische goden de beroemde Colossus vervaardigd, het reusachtige beeld van zonnegod Helios. Na de verwoesting van Tyros beleefde Rhodos een periode van ongekende voorspoed. Het falen van Dimitiros de Veroveraar luidde het begin van een nieuw tijdperk in: handel en scheepvaart van de stad bereikten een hoogte die bijna geen enkele stad ooit bereikt had. De Rhodenzers stelden de "Scheepvaartwet van Rhodos" in werking, een internationaal wetboek van scheepsrechten, dat als een van de meest unieke wetsgeschriften beschouwd wordt. Over deze scheepvaartwet van Rhodos schreef keizer Antonius vol bewonderi ng: "Ik ben de heerser over de aarde en Rhodos over de zee".

Romeinse Tijd

Vanaf het einde van de 3de eeuw v. Chr. wordt steeds duidelijker de invloed van Rome merkbaar in Griekenland en in het oostelijk Middellandse Zeegebied in het algemeen. De Rhodenzers, trachtend te profiteren van deze nieuwe toestand, hielden er een vriendschappelijke houding tegenover de Romeinen op na. De Romeinen wilden echter de macht van de Rhodenzers beperken en riepen Delos tot vrijhaven uit.
Dat was een dodelijke wond voor de handel van Rhodos. Financieel verzwakt, zag het zich genoodzaakt een overeenkomst te sluiten die hen dwong dezelfde vijanden en vrienden als Rome te hebben. Dat had een vernietigende invloed op Rhodos. De beslissende slag kwam van Cassius, aan wie de Rhodenzers na de moord op Julius Caesar hun hulp weigerden tegen zijn vijanden. Woedend nam hij in 42 v. Chr. Rhodos in en verwoestte het met onbeschrijflijke vernietigingsdrang, en bracht meer dan 3.000 kunstwerken over naar Rome.

Byzantijnse Tijd en Middeleeuwen

Rhodos nam als handelsknooppunt tussen Oost en West al snel de nieuwe ideeën van het Christendom over. Volgens de traditie verkondigde de apostel Paulus in het jaar 58 de nieuwe Godsdienst in Lindos en maakte velen tot Christen. In de 1ste eeuw na Chr. was Prochorus bisschop van Rhodos, later gevolgd door Photinus en Euphanor, die deelnam aan de 1ste Oecumenische Synode van Nice. Na het opdelen van het Romeinse Rijk werd Rhodos hoofdstad van de Byzantijnse provincie der eilanden. Zij onderging hetzelfde lot en avonturen als het Byzantijnse Keizerrijk en beleefde vele bezettingen en verwoestingen. In 620 kwam het eiland in handen van de Perzen onder Hosroës. Weinige jaren later, in 651, zetten de Sarracenen er voet aan land en in 807 werd het geplunderd door de vloot van Khalif Charoun-el-Rashid. In de jaren van de Byzantijnse keizer Alexius I volgde een nieuwe plundering door piraten. Vanaf de 11de eeuw krijgt Rhodos opnieuw directe betrekkingen met het Westen. In 1082 stichten de Venetianen met vergunning van de Byzantijnse keizer een handelsdepot in de haven.

Aanzicht van Rhodos vanuit de haven (Flandin l'Orient 1853).

Agia Loukia (14de eeuw, Panagia tou Kastrou-kerk).

In 1191 kwamen Richard Leeuwenhart van Engeland en Philippe van Frankrijk met hun vloten op Rhodos aan om huursoldaten te ronselen voor hun kruistochten.
Toen in 1204 de Kruisvaarders Constantinopel veroverden, verklaarde grootgrondbezitter Leon Gavalas zichzelf tot despoot van Rhodos, met goedkeuring van de Venetianen. Vanaf 1261, toen de Byzantijnen Constantinopel weer heroverden, behoorde Rhodos in naam tot het Byzantijnse Rijk, maar in werkelijkheid bleef het in handen van de Genuaanse admiraals wier vloot in de haven lag. In 1306 verkocht een van deze admiraals, Vignolo Vignoli, Rhodos tezamen met Kos en Leros aan de Ridders van de Orde der Johannieters van Jerusalem,die zich in 1309 volledig op het eiland vestigde, na een harde verdedigingsstrijd van de Rhodenzers (zie hoofdstuk "Ridders van Rhodos", blz. 22).
De Ridders bleven 213 jaar op Rhodos, tot in 1522 de laatste Magistraat werd gedwongen de stad over te geven aan de Turkse sultan Souleiman. De Turkse overheersing was voor Rhodos de meest zwarte bladzijde in haar geschiedenisboek.
Het eiland behoorde tot het rechtsgebied van Pasja Kapoudan (Hoofdadmiraal), terwijl de stad benoemd was tot hoofdstad van Villaetia (Aegeïsche Zee) en zetel van de Algemeen Bevelhebber. De Griekse inwoners werden gedwongen de ommuurde stad te verlaten en zich daarbuiten te vestigen, waar zij nieuwe gemeenschappen vormden die zij "marasia" noemden. Ondanks dat alles kreeg het Turkse element nooit de overhand op het fraaie eiland en het aantal Turkse inwoners was aanzienlijk kleiner dan het aantal Griekse. De Grieken namen de handel in handen en kwamen met hun omvangrijke handelsvloot tot aan het andere uiteinde van Europa. De handel in levensmiddelen, kleding, zilver, voorwerpen voor huishoudelijk gebruik en reukstoffen maakte dat vele stadjes op het eiland, en in het bijzonder Lindos, in die donkere jaren van bezetting grote voorspoed kenden.
Lindos ontwikkelde zich tevens tot "industriecentrum".

De Kruisiging (16de eeuw, Agios Spiridonas).

Nieuwe Geschiedenis

De Turken bleven op Rhodos en de overige eilanden van de Dodekanesos tot in 1912. In dat jaar namen de Italianen, geholpen door de Griekse bevolking, het eiland in. Aanvankelijk stelden de Italianen zich begripvol op tegenover de Griekse inwoners die hoopten op een snelle inlijving bij Griekenland. De opkomst van het fascisme in Italië leidde echter tot een veroveraars-politiek, die de Rhodenzers het recht op zelfbeschikking ontzegde.
En zo ontstond er een felle opstand tegen de vreemde heersers. Na de nederlaag van de As kwam Rhodos net als de rest van de Dodekanesos onder Brits bestuur tot 7 maart 1948, toen de Griekse vlag gehesen werd op het Goeverneurspaleis.

Het goeverneurspaleis en de binnenplaats aan de rand van de stad. Hier werd in maart 1948 de Griekse vlag gehesen.

3

DE RIDDERS VAN RHODOS

De Riddertijd van 1309 tot 1522
De paleizen - de Muren - de Ridderorganisatie

Men kan de tijd van bezetting door de Ridders van de Orde van de Heilige Johannes van Jerusalem als een bloeitijd voor Rhodos beschouwen. De Johannieterorde was in Jerusalem opgericht als filantropische broedergenootschap door handelslieden uit Amalf i in Italië, die op permanente basis in het Heilige Land verbleven. Met het verstrijken van de tijd echter, en vooral na 1099 A.D., toen de Kruisridders Jerusalem innamen, werd de orde steeds machtiger en kreeg het karakter van een legereenheid onder leiding en controle van de Kerk. Na de inname van Jerusalem door Saladdin (1187) verplaatsten de Ridders hun zetel naar Akkra in noord Palestina, vervolgens naar Ptolemaïda en uiteindelijk naar Cyprus, waar Hendrik II hen Limassol afstond. Op Cyprus bleven zij 18 jaar, om zich tenslotte in 1309 op Rhodos te vestigen, na een heldhaftig verweer van de inwoners.

De periode dat zij op Rhodos gevestigd waren wordt als het hoogtepunt in de geschiedenis van de Ridders beschouwd.

Geharnaste Ridder in gebedshouding (Grafsteen in reliëf).

Onmiddelijk na hun inname van het eiland namen de "Ridders van de Heilige Johannes" die ook wel "Ridders van Rhodos" genoemd werden, ook de naburige eilanden in, en gedurende lange tijd hadden zij zelfs Smyrna in hun bezit. Zij bleven 213 hele jaren op Rhodos, d.w.z. tot 1522, toen op 29 december Villiers de l'Isle Adam, de laatste Groot Magisraat, gedwongen werd de stad over te geven aan Sultan Souleiman de Grote. De overgave vond plaats na een beleg van 6 maanden en een heldhaftig verzet van de zijde van de Ridders, die bijgestaan werden door de Griekse inwoners van het eiland. Na de val van Rhodos vestigden de Ridders zich met hulp van Karel V en de Paus op Malta (1530), waarnaar zij Ridders van Malta genoemd werden. De Ridders hebben diepe sporen op Rhodos achtergelaten en het eiland die speciale couleur locale gegeven die we ook vandaag de dag nog zien: de verdedigingsmuren, de Poorten, de kerken, de hospitalen, de herbergen en de grootse paleizen.

De Middeleeuwse stad Rhodos, op een prent uit de 15de eeuw.

De organisatie van de Ridders

De orde had leden in drie categoriën:
a) De "Ridders" (cavalerie) met militaire verplichtingen, waarvan het aantal de zeshonderd niet overschreed en die van adellijke afkomst waren.
b) De "Capelanen", geestelijken die de godsdienstplichten van de orde vervulden.
c) De "Sergenten", die de Ridders hielpen in de oorlog en bij het bestuur, waren tevens "hospitaalbroeders" die zieken en gewonden verzorgden. De "Capelanen" en de "Sergenten" waren niet noodzakelijkerwijs van adel, maar moesten wel nazaten van vrijen zijn en niet van horigen.
Die leden, die afkomstig waren uit alle Katholieke landen van Europa, waren georganiseerd in zeven ethnische taal-groepen, de zogenaamde "Talen": die van de Provence, Auvergne, Gallië, Italië, Engeland, Duitsland en Spanje die zich later in tweeën splitste: Arragon en Castillië.
Elke Taal verbleef in een eigen "Herberg" tezamen met hun leider en raadsman. Het hoogste bestuur berustte bij de Groot Magistraat, voor het leven gekozen uit de leden van de Orde. Hij werd in zijn bestuur bijgestaan door een Raad met wetgevende en disciplinaire macht, bestaande uit de leiders van elke Taal. Officiële taal van de Orde voor alle geschriften was het Latijn, als officiële spreektaal gold het Frans.
De "Taal" van Gallië, die gewoonlijk werd bijgestaan door de Talen van de Provence en die van Auverge, was in de meerderheid en van de in totaal 19 gekozen Groot Magistraten die de Orde bestuurden in de 213 jaren dat deze op Rhodos gevestigd was, waren er 14 Galliërs. Dat blijkt ook uit de namen die bij wapenschilden horen.

Poorten in de muren van de Ridders:

Linksboven: De grootse D'Amboise-poort werd gebouwd in 1512 door Groot Magistraat D'Amboise, en bevindt zich aan de noord-westkant van de Middeleeuwse stad. Rechts: De Agios Pavlos-poort, naast de Eleftherias-poort, aan de noord-oostkant van de Ridderstad. Onder: de Poort van Agios Ioannis of Koskinou uit 1457, met de wapenschilden van de Groot Magistraten, aan de zuidkant van de stad.

4

CULTUUR EN TRADITIE

Letteren & Kunst - De Colossus - Zeden en gewoonten Middelen van bestaan - Architectuur - Culturele manifestaties

De gehele atmosfeer op Rhodos getuigt van fijngevoeligheid en een ontwikkeld gevoel voor kunst. Reeds in de Oudheid waren de Rhodenzers zeer ontwikkeld op het gebied van letteren en kunst. De beroemde Colossus wordt beschouwd als een van de Zeven Wereldwonderen van de Oude Wereld. De cosmopolitische atmosfeer die op het eiland heerst en de invloeden van het toerisme hebben het karakter van de Rhodenzers niet veranderd. Beleefd en gastvrij, vrolijk en hartelijk, slagen zij erin de bezoeker te laten deelnemen aan bijna alle manifestaties. Vele van de zeden en gewoonten komen weer tot leven met deelname van de toeristen, vooral op het platteland. De architectuur op het eiland vertoont elementen van verschillende periodes en culturen. Als je de stad Rhodos binnenkomt krijg je het gevoel dat je heen en weer geslingerd wordt tussen verschillende tijdvakken. De monumenten uit de Oudheid worden gecombineerd met overblijfselen uit de Byzantijnse periode en uit de Riddertijd, en tussen al die herinneringen aan vervlogen tijden bestaan er de tekenen van het eigentijdse leven.

ΜΟΥΣΟΥΛΜΑΝΙΚΗ
ΒΙΒΛΙΟΘΗΚΗ
1793
44

Letteren

Rhodos heeft reeds sinds de oudheid betekenis als een centrum van Litteratuur en Kunst. Na de 3de eeuw v.Chr. stichtte het een universiteit waaraan niet alleen lokale studenten, maar jongeren uit de hele toen bekende wereld kwamen studeren. Vooraanstaande Romeinen, zoals Cicero, Julius Caesar, Lucretius, Pompejus, Tiberius en Cassius kwamen naar Rhodos om er de kunst van de retoriek (welsprekendheid) machtig te worden en filosofie te studeren. In de epische dichtkunst onderscheidde zich Peisandrus uit Kamiros, die in zijn trotse "Heracleia" de prestaties en overwinningen van de Mythische held Heracles verhaalt. Antagoras uit de stad Rhodos schreef een epos met de titel "Thebaïs" en epigrammen. Op Rhodos leefde en werkte ook de Alexandrijnse dichter Apollonius (295-215 v. Chr.), bekend met de naam "Apollonius Rhodius", de grootste epische dichter uit de Alexandrijnse periode. Van zijn gedichten is "Argonautica" het beroemdste. Onder de filosofen onderscheiden zich Cleovouline uit Lindos en de stoïcijnse filosoof Panaetius. In 7de eeuw werkte in Lindos de grote filosoof Cleovoulos. Hij werd geboren in Lindos, was een zoon van Evagoras en een wijs wetgever en fel politicus die 40 hele jaren over zijn geboorteland heerste.

Aan Cleovoulos worden vele wijze spreuken toegeschreven, zoals "alles met mate", "het hoofd vóór het hart", "vermijd onrecht", e.a. Als Rhodenzische historici zijn bekend: Polyzelos, Zenon, Antisthenes, Posidonius, Callixenos, Sosicratus e.a.

De retoriek vormde het stokpaardje van Rhodos. De school van de Retoriek, in 423 v. Chr. opgericht door de Atheense redenaar Aeschines, trok leerlingen vanuit het gehele Middellandse Zeebekken en vooral vanuit Rome. Onder de beroemde redenaars vallen Molon, Apollonius, Posidonius, Menecles en Archelaus. Over de eerste schreef de grote Cicero heel kenmerkend: "Ik kwam naar Rhodos om de retoriek-lessen van Molon bij te wonen. Hij is een bevoorrecht redenaar, uitstekend schrijver en fijnzinnig in zijn kritieken. Hij onderwijst met wijsheid en zijn lessen hebben een waardig resultaat".

Kunst

Een gelijkwaardige bloei kende ook de Kunst op Rhodos. De beeldhouwkunst, schilderkunst en pottenbakkerskunst resulteerden in werken waarvan het aantal en de kwaliteit ons nog steeds verbazen. Van de beeldhouwers zijn Chares, Philiscus, Aristonidas, de gebroeders Apollonius en Tauriscus, Agesandrus, Athenodorus en Polydorus de bekendste. De Lindiër Chares, leerling van Lysippus, maakte de beroemde Colossus, een van de Zeven Wereldwonderen van de Oude Wereld. Philiscus was de schepper van beelden van Apollo, Leto, Artemis en de Muzen. Aristonidas creëerde met bijzonder kunstzinnig talent het bronzen beeld van de treurende Athamas die in een moment van verstandsverbijstering zijn zoon Learchus doodde. De g ebroeders Apollonius en Tauriscus, die het grootste gedeelte van hun leven op Rhodos doorbrachten, maakten het beroemde beeldencomplex "De stier van Farnesi" (Copie in het museum van Napels). Het bekendste werk van de drie beeldhouwers Agesandros, Athenodorus en Polydorus is de Laocoön-groep. In deze fantastische creatie wordt de straf uitgebeeld van Laocoön, priester van Apollo, die vanwege zijn afvalligheid tegenover deze god veroordeeld werd om tezamen met zijn kinderen te sterven door een dodelijke omhelzing van twee enorme wurgslangen, die de god uit zee liet oprijzen. Dit beroemde werk werd in de 1ste eeuw v. Chr. naar Rome gebracht en werd in 1506 gevonden vlakbij de baden van het paleis van Nero. Plinius maakt er melding van en noemt het het meest volmaakte kunstwerk, terwijl het ook nu nog beschouwd wordt als een van de beste werken van Griekse kunst.

Replica van de beroemde Laocoön-beeldengroep (1ste eeuw v. Chr) die de gelijknamige zaal van het Castello (Paleis van de Groot Magistraten) siert.

Evenwijdig aan de beeldhouwkunst, ontwikkelde zich op Rhodos de schilderkunst. Vele beeldhouwers waren tevens schilder. Maar de grootste schilder van Rhodos en een van de meest achtenswaardige van het Oude Griekenland is Protogenes. Als de beste werken van Protogenes worden Ialyssos met zijn jachthond beschouwd, de rustende Sater, Tlepolemus, e.a., terwijl in de Propyleeën van de Acropolis van Athene zich een van zijn schilderwerken bevond, dat de twee Attische triremen voorstelde, de Paralos en de Ammoniada.
Ook de keramiek kende op Rhodos een bloeitijd. Reeds in de Minoïsche tijd was het elegante vaatwerk uit Ialyssos en Kamiros beroemd om de verfijndheid van de decoraties. Van 1500 tot 700 v. Chr. werden in de Rhodenzische keramiek met verbazingwekkende kunstzinnigheid mythologische thema's of voorstellingen uit de epen van Homerus uitgebeeld. De kylixen (platte schalen op voet) uit die tijd werden door de Ouden "rodiades" genoemd. Een ongekend hoogtepunt bereikte de Rhodenzische keramiek echter na de terugval van de Attische pottenbakkerskunst, tegen het einde van de 4de eeuw v. Chr.

Zwartfigurige Attische Hydria (Archeol. Museum van Rhodos).

De Colossus

De overbekende Colossus van Rhodos wordt in verband gebracht met het beleg van de stad door Dimitrios in 305 v. Chr. Trots op hun grote overwinning besloten de Rhodenzers met het geld dat zij verkregen door de verkoop van de werktuigen van het beleg van Dimitrius een triomf-symbool op te richten, een standbeeld van hun grote god Helios. Die taak werd opgedragen aan de beeldhouwer Chares uit Lindos, die er twaalf jaar aan werkte (van 304 tot 292 v. Chr.). Ondanks het feit dat de Colossus beschouwd wordt als een van de Zeven Wereldwonderen van de Oude Wereld, een kunstwerk van bijzonder hoog artistiek en technisch niveau, hebben we slechts zeer weinig gegevens ter beschikking, zowel over de exacte plek waar het beeld geplaatst werd, als over hoe het eruit zag. Men schat dat het een hoogte had van ca. 70 ellen (ongeveer 31 m). Men zegt dat Chares de bronzen onderdelen van het beeld één voor één ter plaatse goot en enorme bergen zand als mallen gebruikte, aan de onderkant beginnend en zo naar boven werkend zoals men een huis bouwt. Volgens een bepaalde mening stond de Colossus aan de ingang van de haven en voeren de schepen onder zijn gespreide benen door. Het staat nu bijna vast dat dat hij op het vasteland stond en naar alle waarschijnlijkheid in de voorhof van de Helios-tempel, vlakbij het paleis van de Groot Magistraten. Het "Wonder" bleef echter niet langer dan 66 jaar overeind staan. Met de grote aardbeving van 226 v. Chr. braken zijn knieën en zakte het in elkaar. De Rhodenzers waren bang dat het beeld vervloekt was en zo bleef een her-oprichting uit. Het bleef vele eeuwen zo in elkaar gezakt liggen.
In 653 v. Chr., toen de Arabieren van Moab Rhodos in handen kregen, verkochten zij de onderdelen aan een Joodse handelaar. De overlevering wil dat er 900 kamelen nodig waren voor het vervoer. De legende van het beeld bleef echter zo nauw met Rhodos verbonden dat gedurende vele eeuwen Grieken en Romeinen de Rhodenzers "Colosseeërs" bleven noemen.

De meest fantastische voorstelling van de Colossus van Rhodos is die van de Franse ontdekkingsreiziger Rottier, uit 1826.

Zeden en gewoonten

Op het gehele eiland heerst een cosmopolitische atmosfeer. De invloeden die de eilanders ondergaan door het toeristenbezoek zijn er vele, maar ondanks dat heeft dat hun karakter niet wezenlijk veranderd. Zij zijn nog steeds eenvoudig, goedhartig, hartelijk. Hun wakkere handelsgeest heeft tot een grote economische bloei geleid, maar niet hun gedrag tegenover hun landgenoten of tegenover de toeristen veranderd. Beleefd, openhartig en gemakkelijk in de omgang met vreemdelingen, houden zij van hun eiland en doen alle mogelijke moeite om de bezoekers een goede indruk te geven. Misschien kan men niet onmiddellijk de oorspronkelijke elementen herkennen in de maanden van toeristische top-drukte, maar het staat vast dat de goede wil er is en dat simpelweg niet altijd de gelegenheid bestaat om dit te ontdekken.
De Rhodenzers zijn feestvierders, iets wat zij uiten door het organiseren van dansavonden en volksfeesten. Zij laten geen gelegenheid voorbijgaan: de naamdag van een bepaalde heilige, soms de grote jaarfeesten, dan weer één of ander herdenkingsfeest of een andere gelukkige gebeurtenis, allemaal geven zij aanleiding tot het aanrichten van een feest, en bij zo'n feestelijke uitbarsting worden ook de toeschouwers in hun dansen meegesleept.

De grote feesten van het Christendom zoals Pasen, Kerstmis, Driekoningen, Maria Hemelvaart worden met enorme grootsheid gevierd. Alle kleinere feesten en dansavonde worden meer plaatselijk gevierd in de dorpen op het platteland.
Onvermijdelijk onderdeel van elk feest is ook hun befaamde wijn.
De Rhodenzische wijn is al beroemd sinds de Oudheid. In de Middeleeuwen droegen de Ridders van de Johannieter-orde bij tot een nog wijdere verspreiding van de goede wijn, en ook nu nog hebben de wijnen uit Rhodos een naam hoog te houden.
De meeste wijnboeren die hun druivenoogst verkopen aan de producent, maken ook hun eigen wijn volgens hun eigen lievelingsrecept. Vaak houden zij een gedeelte achter voor eigen gebruik en verkopen de rest aan locale tavernes en café's.

Middelen van bestaan

Tot aan de Middeleeuwen had Rhodos een grote zeemacht. De meeste inwoners waren handelaar of zeeman. De Turkse overheersing die erop volgde was een zware tijd voor de Rhodenzers. Zij waren gedwongen om te verhuizen naar gebieden buiten de stad, maar langzamerhand en terwijl zij steeds meer vat kregen op de handel, droegen zij bij tot een voor die tijd zeldzame economische bloei.
Met het verstrijken der jaren verzwakte de handelsdrift. De inwoners hielden zich meer en meer bezig met landbouw en veeteelt. Na 1950 keerde men zich langzamerhand van die activiteiten af en richtte de belangstelling van de bevolking zich op het toerisme.
Vandaag de dag heeft het grootste deel van de bevolking een beroep dat op de eerste plaats met toerisme en handel te maken heeft. Natuurlijk zijn er nog enkelen getrouw gebleven aan het boerenleven en houden zich voornamelijk bezig met landbouw, veeteelt en wijnbouw, visserij en bijenteelt. Dan zijn er nog anderen die zich bezighouden met traditionele kunst zoals borduurwerk, weven, tapijtweven, en pottenbakkerskunst.
De beroemde en ook nu nog veel gevraagde Lindische borden worden reeds vanaf de 16de eeuw geproduceerd. Zij worden gekenmerkt door hun rijke decoraties, voornamelijk voorstellingen uit de natuur en dan in het bijzonder herten, vissen en vogels in fraaie combinaties, weergegeven met onvergelijkbare schoonheid en vaardigheid.

De beroemde Lindische borden sieren ook vandaag nog vele huizen op Rhodos.

Architectuur

Het gevoel voor schoonheid en goede smaak dat tot uiting komt in die produkten, komt nog sterker naar voren in de huizen van de Rhodenzers.
Hun architectuur is gebaseerd op elementen uit verscheidene periodes en culturen. Men kan daarin de hang naar en de kenmerken van de oorspronkelijke eiland-volkskunst onderscheiden, maar tegelijkertijd ook invloeden van westerse en oosterse bouwordes die uiteraard de vele verschillende bezetters en kolonisten met zich mee brachten. De eenvoudige boerenwoningen, de huizen van doorsnee stadsbewoners, de landhuizen en villa's van Lindos, het zijn allemaal voorbeelden van de stromingen die hun invloed hebben achtergelaten op het bouwkundig visitekaartje van het eiland.
Kenmerkende folkloristische details in de architectuur zijn de verschillende decoratieve elementen in stadshuizen. De oude reliëfs, door de jaren heen wat beschadigd, getuigen van het vakmanschap en het kunstgevoel uit voorbije eeuwen.
Decoratieve elementen, beeldengroepen, mythologische voorstellingen en familiewapens werden uitgehouwen in steen en vervolgens ingemetseld in gebouwen.
Ook de marmeren muurfonteinen die straten en pleinen sieren, getuigen van de goede smaak en het gevoel voor kunst van de Rhodenzers.
Ook moderne Rhodenzische woningen houden de elementen van traditionele architectuur levend. Met stenen geplaveide binnenplaatsen, overdekte houten veranda's op palen met witte of gekleurde wanden, levendig gekleurde houten zonneluiken, decoratieve elementen van volkskunst, dat alles temidden van een kleurige omgeving vol groen en bloemen.
Verrassende combinaties en een groot gevoel voor harmonie zien we ook in de moderne huizen van Lindos.
Deze hebben soms hele wanden versierd met reliëfs of met ingemetselde decoratieve elementen.

Culturele manifestaties

Het culturele leven is zeer actief, vooral in de zomermaanden. Dan worden vele concerten, theatervoorstellingen en tentoonstellingen georganiseerd. 's Winters verandert het aanzien van het eiland wat. Dat is de periode van bezinning over het gehele jaar en het organiseren van toekomstplannen. De dagen verlopen rustig. Het hele leven kabbelt rustig voorbij. Ook in deze, verschillende, periode is het de moeite waard om kennis te maken met het eiland. Speciaal voor diegenen die in alle rust willen genieten van de verscheidenheid aan natuurlijke schoonheden die het te bieden heeft. Vaak is het eiland 's winters gastoord voor seminaria en bijeenkomsten op wereldwijd niveau, daar het over moderne faciliteiten en de volmaakte technische middelen beschikt voor de organisatie daarvan.

In welk seizoen u dan ook besluit om Rhodos te bezoeken, het staat vast dat u betoverd zult worden door de schoonheid van het landschap en door de vriendelijkheid van de bewoners. Het is verbazingwekkend hoe de gehele atmosfeer de indruk geeft van een samenleving van alle volkeren die op dit eiland geleefd hebben en er een stukje van hun leven achtergelaten hebben, zo ieder op zijn beurt bijdragend aan de vorming van de geschiedenis en de cultuur.
En ieder zal het eiland verlaten met de beste indrukken in zijn geheugen gegrift en met de wens vast en zeker nog eens terug te komen om van die vriendelijke atmosfeer te genieten.

Georganiseerde congressen, muziekevenementen, theatervoorstellingen, tentoonstellingen en "panigiria" (volksfeesten) zijn enkele van de culturele evenementen die ook in de winter op Rhodos plaats vinden.

5 MIDDELEEUW

Als "Middeleeuwse Stad" leest denkt u waarschijnlijk aan een dode stad, waar u heen gaat om er slechts verlaten monumenten aan te treffen.
Het is echter een uiterst levende stad, bewoond door ongeveer 6.000 mensen die er leven en werken in dezelfde gebouwen waar zo'n 6 eeuwen geleden de Ridders van de Heilige Johannes leefden. Een levend monument, een van de weinige die er zijn in Europa, misschien wel in de hele wereld. Zelfs als u Rhodos slechts voor een paar uur bezoekt, mag u dit beslist niet missen, al is het maar een snelle rondleiding.
De **kasteelstad** was (net als nu nog) in tweeën gedeeld: het noordelijke deel, dat Kollakio genoemd werd en het zuidelijke, grootste gedeelte: Chora of Bourgo.
Een binnenmuur scheidde deze twee delen. Door de poort die Kollakio en Chora verbond loopt nu de Lachitos-straat.
Het noordelijke deel (Kollakio) werd en wordt overheerst door het paleis van de Groot Magistraten, het bekende Castello, waar de bovenstad van de Ridders was. Ook in Kollakio waren de officiële kerken van de Orde en de officiële Ridderverblijven.
Het zuidelijke deel, Chora, was de stad die in de Riddertijd Bourgo genoemd werd. Hier leefden en werkten behalve Grieken ook mensen van andere ethnische afkomst. Het centrum van de economische activiteiten in de Middeleeuwse stad was de Agora (markt) die zich bevond op de plek waar nu de Apolloniou-straat en de Socratous-straat zijn, en reikte tot aan de Thalassini-poort. Rondom de stad waren grote tuinen met als meest indrukwekkende die van het paleis van de Groot Magistraat.

Luchtfoto van de Middeleeuwse stad.

SE STAD Castello - Kollakio - Chora - de Muren

Plattegrond van de Middeleeuwse Stad

Kollakio (Castello)

1. Aphrodite-tempel
2. Agios Dimitrios
3. Pinakotheek
4. Ioniki Bank
5. Herberg van Auvergne
6. Folkloristisch Museum
7. Archeologisch Instituut
8. Sieradencollectie
9. Panagia tou Kastrou
10. Herberg van Italië
11. Het Kleine Paleis
12. Herberg van Gallië
13. Agia Triada
14. Herberg van de Provence
15. Herberg van Spanje
16. Loggia van de Heilige Johannes
17. Paleis van de Groot Magistraten
18. Archeologisch Museum (Ridderhospitaal)
19. Ethniki Bank
20. Herberg van Engeland
21. Turkse School
22. Toren met de Klok

Chora of Bourgo

23. Agios Markos
24. Agios Georgios-klooster
25. Souleiman-moskee
26. Turkse Bibliotheek
27. Agia Paraskevi
28. Moustafa-baden
29. Agios Nikolaos
30. Agios Fanourios
31. Pasja Retzep-moskee
32. Agia Kyriaki
33. Pasja Ibrahim-moskee
34. Kastellania
35. Admiraliteit
36. Panagia van Bourgo
37. Agios Panteleïmonas
38. Panagia tis Nikis

De tijd heeft haar sporen achtergelaten op de ontelbare boogpoorten en de muren van de oude gebouwen. Die boogvormige elementen en doorgangen, de traditionele gebouwen en de nauwe straatjes, het zijn allemaal herinneringen aan vorige generaties uit lang vervlogen tijden, die leefden met andere zeden en gewoonten, zorgen en bekommeringen, een andere levensstijl.

58
OLYMPOS PENSION
ROOMS TO LET
PAYPHONE
PENSION OLYMPOS
ΟΔΟΣ
ΑΝΘΕΑ
ANTHEA

Het Ridderkasteel (Kollakio)

Vanaf de Mandraki-haven komt u door de Eleftherias ("vrijheids") poort op het Symi-plein. Deze poort werd in 1924 geopend voor de Italianen die naar men dacht Rhodos van de Turken kwamen bevrijden. Er recht tegenover zijn de ruïnes van een Aphrodite-tempel, daterend uit de 3de eeuw v. Chr. Achter de Aphrodite-tempel staat de herberg van de Taal van **Auvergne**, gebouwd in 1507. In de herberg zijn nu diverse overheidsdiensten gevestigd. Links leidt de Marine-poort naar de handelshaven. Het Symi-plein wordt ook wel Marine-plein genoemd omdat men denkt dat hier de Ridders hun marine-basis hadden. In het gebouw rechts is op de begane grond de Ioniki Bank gevestigd en op de bovenverdieping de **Openbare Pinakotheek**. De collectie omvat werken van moderne Griekse schilders.

Van hieruit gaat de weg licht hellend naar boven, naar het Argyrokastrou-plein, klein maar mooi en met een fontein in het midden. Op het Argyrokastrou-plein staat een van de oudste gebouwen van het Kasteel, waar nu het Historisch-Archeologisch Instituut gevestigd is. Links ervan is het **Folkloristisch Museum**.
De weg vervolgend, komen we door een boogpoort die recht voor de hoofdkerk van de Ridders uitkomt, de **Panagia tou Kastrou-kerk** (Onze Lieve Vrouwe van het Kasteel), aan het begin van de Ippoton-straat (Ridderstraat). De oorspronkelijke kerk was waarschijnlijk in Byzantijnse bouworde gebouwd in de 12de eeuw. Onmiddellijk na de Panagia tou Kastrou-kerk is het Museumplein, met de Herberg van de **Engelse Taal** en het Ridderhospitaal.

Het Argyrokastrou-plein met het vroeg-Christelijke doopvont in het midden.

Het Symi-plein. Boven de Ioniki Bank is de Openbare Pinakotheek en erachter het Castello.

Archeologisch Museum
(Ridderhospitaal)

*Verdergaand in de richting van het plein zien we aan onze rechterhand het **Ridderhospitaal**. Het is uitstekend onderhouden en laat duidelijk het basis-principe van de Orde zien: onderbrengen en verzorgen van door het leven getekende bedevaartgangers naar het Heilige Land en later van de kruisvaarders. Nu is er het **Archeologisch Museum** van Rhodos gevestigd. Groot en indrukwekkend, het belangrijkste Ridderlijke gebouw van de stad.*
Men begon met de bouw ervan in 1440 en het werd voltooid in 1484 door Groot Magistraat D'Aubusson. Op de begane grond, rechts en links van de ingang, zijn boogpoorten die naar opslagplaatsen leiden (die nu als winkels in gebruik zijn).

Ongeveer in het midden van het gebouw, in een boogpoort, is de hoofdingang van het museum, geflankeerd door gebeelhouwde decoraties. Precies boven de ingang steekt een driehoekige erker met ramen uit, die de eentonigheid van de bijna kale gevel van de bovenverdieping onderbreekt.
De centrale ingang leidt via een gang naar een binnenplaats, die aan alle zijden omringd is door een twee verdiepingen hoge bogengalerij. Op de bovenverdieping is een grote trap naar de zuid-oost hoek van de binnenplaats.

Rechts: De ingang van het Archeologisch Museum dat zeer interessant is, niet alleen vanwege de tentoongestelde collectie maar ook om het gebouw zelf.

Onder: De binnenplaats van het Museum.

Ridderstraat

Op de terugweg van het Museumplein komen we in de Ridderstraat ("Odos Ippoton").
Dat was de hoofdstraat van het Ridderkasteel (Collachium) en is misschien wel de best bewaarde Middeleeuwse straat die men nu nog in Europa kan bewonderen, de enige die zijn oorspronkelijke karakter bewaard heeft. In de eerste jaren van de Turkse bezetting waren de gebouwen in gebruik als kazerne. De oorspronkelijke aanblik van de straat werd later door de Italianen in ere hersteld. Hij is ongeveer 200 m lang en 6 m breed en loopt omhoog naar het paleis van de Groot Magistraten. Rechts en links zijn de herbergen van de verschillende ethnische eenheden of "Talen" zoals ze genoemd werden.
Als we de Ridderstraat betreden zien we links van ons de noordelijke gevel van het Hospitaal (Museum). Onmiddellijk daarna de herberg van de Taal van Italië.
Ernaast is een **klein paleis** dat op de gevel de wapens van de Franse Groot Magistraten Aimerie d'Amboise en Villiers de l'Isle d'Adam draagt. Tegenover dat paleis is de oorspronkelijke hoofdingang van het Hospitaal. Meteen daarnaast, achter een ijzeren hek, is een grote diep beschaduwde tuin met fontein.
Ongeveer tegenover de tuin is de Herberg van de **Taal van Gallië**, de meest versierde van alle herbergen en een van de mooiste Riddergebouwen. Naast de herberg is de Kapel van de Taal van Gallië met een gothisch beeld van de Madonna met Kind aan de gevel. Het wapenschild van Groot Magistraat Raymond Beranger (van 1365 tot 1374) boven de kapel, laat zien dat die tijdens zijn bewind gebouwd werd en dat het dus een van de oudste gebouwen van de Ridderstraat is. De kapel grenst aan de woning van de priester van de Taal van Gallië, waar nu het Italiaanse consulaat gevestigd is. Het indrukwekkende geheel van deze drie Gallische gebouwen onderstreept de leidende rol die de Galliërs binnen deze Orde vervulden.

Odos Ippoton (Ridderstraat), een klassiek voorbeeld van hoe het verleden en het heden op Rhodos samengaan.

Het beeld van de Madonna met Kind, aan de gevel van de kapel van de Taal van Gallië.

Direkt daarnaast wordt de Ridderstraat onderbroken door een poortvormige doorgang met een kamer daar bovenop gebouwd. Zodra u de poort gepasseerd bent, ziet u rechts de Herberg van de **Taal van de Provence** en links de Herberg van de **Taal van Spanje**. Iets verderop vormt een grote gerestaureerde in gothische bouworde gebouwde arcadegalerij een waardige afsluiting van de straat. De loggia, gebouwd in de eerste helft van de 15de eeuw, verbond het **Paleis van de Groot Magistraten** met de St. Johanneskerk. Dit was de officiële kerk van de Orde, gebouwd in de eerste helft van de 14de eeuw. In 1865 sloeg de bliksem in en deed een grote hoeveelheid buskruit ontploffen, die ergens vergeten in een kelder lag. De explosie blies de kerk op, verwoestte de ernaast liggende overdekte galerij en alles wat er tot dan toe was overgebleven van het verlaten Paleis van de Groot Magistraten. Het ontwerp van de kerk was echter bewaard gebleven in de papieren van Rottiers, op basis waarvan de Italianen aan de Mandraki-haven een nieuwe kerk met dezelfde naam bouwden, die nu Evangelismos-kerk (Maria Boodschap) heet.

Het Paleis van de Groot Magistraten

Tegenover de St. Johannes-kerk, op het hoogste punt van de Kasteelstad, stond het Paleis van de Groot Magistraten, dat het bestuurscentrum van de Ridderstad vormde. Indrukwekkend door zijn afmetingen (80x75 m) en zijn versterkingen. Het was zo stevig dat het tijdens het beleg van 1522 slechts lichte schade opliep.
Op de plaats van het Paleis (Castello) was de "beneden Acropolis" van het Antieke Rhodos. Hier was tevens de acropolis van het Byzantijnse Rhodos. De indeling van het paleis rondom een centrale binnenplaats met woonvertrekken op de bovenverdieping en opslagplaatsen op de begane grond, duidt op Byzantijnse invloeden.

In de eerste jaren van hun bezetting gebruikten de Turken het als gevangenis, en later lieten zij het vervallen. Het paleis werd in zijn geheel verwoest bij de grote explosie in de St. Johanneskerk in 1865.
De Italianen bouwden het weer op, zo getrouw mogelijk, bovenop de ruïnes van de oude versie. Zij voltooiden het in 1940. De vloeren zijn versierd met prachtige mozaïeken uit de Hellenistische en de Romeinse periode, overgebracht uit Kos (zie blz. 67) . De beelden op de binnenplaats van het paleis dateren eveneens uit de Hellenistische en Romeinse periode. Er zijn aanwijzingen dat zich onder de funderingen de beroemde tempel van Helios bevindt, met rijke versieringen.

Panoramische blik op het Paleis (Castello) met de indrukwekkende ingang (foto rechts).

Bij het verlaten van het paleis is rechts het Cleovoulou-plein. Wat verderop komen we in een mooie brede straat, beschaduwd door platanen. Dat is de Orpheus-straat. Aan onze rechterhand, in een wal die de binnenmuur van het Castello verbindt met de buitenmuur, is de St. Antoniuspoort en daarna, linksaf gaand, de grootse d'Amboise-poort. Tussen de twee poorten in heeft u gelegenheid uit te rusten op een van de ijzeren bankjes onder de platanen, of, waarom niet, te poseren voor een snelportret van de hand van één van de kunstenaars die hier hun vaste plekje hebben. De Orpheusstraat in omgekeerde richting doorgaand zien we links de Toren met de Klok (gebouwd na de aardbeving van 1851) op de plek waar in de Middeleeuwen de zuid-westelijke toren van de binnenmuur van het Castello was.

1

2

3

*Tussen de Agios Antonius-poort en de d'Amboise-poort (foto 1) loopt de Orpheus-straat (foto 3, 4) met kunstenaars onder de platanen.
De Toren met de Klok, gebouwd in 1851 (foto 2).*

4

Chora of Bourgo

*Buiten de binnenmuur van het Castello zien we aan het einde van de Socrates-straat de **"makri pazari"** ("lange markt"). Links van ons de **Souleiman-moskee** midden op een mooi plein met platanen. Hij werd gebouwd in 1808 op de plaats van een oudere versie ,*
die gebouwd was ter ere van de veroveraar van Rhodos, Souleiman de Grote.
*Aan de overkant van de straat is de **Turkse bibliotheek** van Achmed Hafouz, in 1794 opgericht door die Islamitische Rhodenzer.*
Vlakbij de Souleiman-moskee begint een straat die naar de westkant van de wallen leidt, de Apollonius-straat.
Hier staat de Byzantijns-Gotische kerk van Agios Georgios. Die fraaie kerk uit de 15de eeuw werd door de Turken gebruikt als school voor godsdienst-onderwijs.
*Weer terugkerend leidt de eerste straat rechts (Hippocrates-straat) naar de oude Turkse wijk, die bijna niets van zijn middeleeuwse aanblik verloren heeft. Aan de rechterkant van de straat zie u de kerk van Agia Paraskevi, uit de 15de eeuw, in vrije kruis-vorm. Na de Agia Paraskevi-kerk leidt de eerste straat links (Archelaou-straat) naar het Arionos-plein waar de moskee van **Sultan Mustafa** staat, gebouwd in 1765, en het openbare badhuis.*
*Vanaf het Arionos-plein loopt een straatje naar beneden naar het openlucht**theater van de Oude Stad**, waar 's zomers elke avond volksdans-uitvoeringen gegeven worden. De weg loopt uit op de Agiou Fanouriou-straat.*
Hier slaan we rechtsaf en komen bij de kleine Byzantijnse kerk van Agios Fanourios. De Turken maakten er een moskee van. Onder de Turkse pleisterlagen van de binnenmuren zijn enkele fraaie fresco's bewaard gebleven.

5

6

5, 6. De Sokrates-straat of "makri pazari" ("lange markt"), met een oneindige variatie aan souvenirs.

Blik op de Middeleeuwse Stad.

Het Hippocrates-plein, met op de achtergrond het Middeleeuwse bouwwerk "Castellania".

Weer terugkerend naar de Agiou Fanouriou-straat en die volgend in noordelijke richting, komen we bij de Socrates-straat, de drukke markt-straat met een oneindig grote collectie aan souvenirs.
*Afdalend naar de haven, komen we bij het Hippocrates-plein met een fraaie fontein in het midden. Hier is een gedeelte van een belangrijk gebouw uit de Riddertijd bewaard gebleven, bekend als **"Kastellania"**, met een grote buitentrap. Het werd gebouwd in 1597 en was een handelscentrum. Op de begane grond bedreven de handelaren hun handel en op de bovenverdieping was het gerechtshof dat bemiddelde over handelsgeschillen.*
*Aan de zuidkant van het Hippocrates-plein is de Pythagoras-straat die naar de moskee van Pasja Ibrahim loopt. Enkele meters verderop is de **Havenpoort** (Thalassini), geflankeerd door twee torens. Dit is misschien wel de fraaiste poort van het Kasteel. Zoals uit gravures uit de 19de eeuw blijkt, reikte de zee tot vlak onder deze poort.*
*Vanaf het Hippocrates-plein loopt de Aristoteles-straat naar de oude Joodse wijk en het **Plein van de Joodse Martelaren** met een fraaie kleine fontein, gedecoreerd met rijen schelpen, zeesterren, inktvissen enz. op blauwe tegels en daarboven drie grote metalen zeepaarden.*
*Aan de noordzijde van het plein staat een mooi gebouw uit de 15de eeuw, het **Paleis der Admiraals**. Vóór de Turkse bezetting woonde hier de Orthodoxe patriarch van Rhodos. Als we doorlopen door de Pindarou-straat (verlengde van de Aristoteles-straat) komen we bij de ruïnes van de gothische kerk **Panagias tis Choras** (Ste. Marie du Bourg), de grootste Katholieke kerk van Rhodos (30 x 18 m). Een gedeelte van de kerk staat aan de linkerkant van de straat en het andere deel rechts.*
Ten zuiden van het Plein van de Joodse Martelaren, vlakbij de stadswallen, staat een van de meest achtenswaardige Byzantijnse kerken.

1

Dat is de **Agia Triada** (Heilige Drievuldigheid) uit de 15de eeuw, meer bekend met de naam Dolapli-moskee.
Van hieruit kunt u verder dwalen door de rustige schilderachtige straatjes en nog andere, kleinere, kerkjes ontdekken in de drukke straten rondom de markt.

2

1. De ruïnes van de Panagia tis Choras-kerk, rechts en links van de weg.

2. De Byzantijnse Agia Triada-kerk (Heilige Drievuldigheid) uit de 15de eeuw, ten zuiden van het Plein der Joodse Martelaren.

3. De fontein in het midden van het Plein der Joodse Martelaren.

3

De Muren van het Kasteel

De bijdrage van de eerste Ridders aan de stadsverdediging was het restaureren van de oude Byzantijnse wallen en het construeren van nieuwe Poorten. De grote werken die de wallen hun uiteindelijke vorm gaven werden verricht onder Groot Magistraat D'Aubusson, in het bijzonder na het mislukken van het Turkse beleg van 1480. In die periode doen de ronde torens hun intrede, die de eigenschap hebben kanonskogels af te ketsen, in tegenstelling tot de torens met vlakke, rechte muren die veel gevoeliger zijn. De dikte van de muren wordt vergroot tot meer dan 12 meter en de breedte van de gracht rondom tot meer dan 21. De muren (ongeveer vier kilometer lang) waren onderverdeeld en elk stuk stond onder bewaking van een van de "Talen" van de Orde.
De muren van het Kasteel zijn een interessant voorbeeld van oorlogs-architectuur die de overgangsperiode weerspiegelt tijdens welke het gebruik van kanonnen grote veranderingen in de verdedigingstechnieken met zich meebrengt: de vroegere versterkingen blijken te zwak voor de kracht van buskruit.

Rechtsboven: De indrukwekkende Thalassini-poort (Porta Marina).
Onder: De Haven-poort (Tarsana) aan de noord-westkant van de haven.

6

MUSEA

Archeologisch - Folkloristisch - Openbare Pinakotheek - Castello

Archeologisch Museum

Het Archeologisch Museum is midden in de Middeleeuwse stad (zie blz. 64). Het museum bezit een aanzienlijk aantal beeldhouwwerken en andere kunstwerken. Onder de tentoongestelde stukken bevinden zich onder andere:

*— Twee archaïsche **Kouren**, gevonden in Kamiros. Beide beelden dateren uit de 6de eeuw, met een gering verschil in leeftijd. Hoewel ze allebei sterke Egyptische invloeden vertonen, verraadt de jongste versie een grotere kennis van de kunstenaar op het gebied van anatomie en beweging van het menselijk lichaam.*

*— Een marmeren **hoofd van god Helios**, uit de 2de eeuw v. Chr., gevonden achter de Herberg van de Taal van de Provence, d.w.z. vlakbij de top van het Kasteel, waar volgens zeggen de Antieke Heliostempel stond. De rijke haartooi van de god is voorzien van gaten, waarin waarschijnlijk metalen "zonnestralen" bevestigd zijn geweest.*

*— Twee mooie **beelden van Aphrodite**. Het eerste wordt Aphrodite van de Zee genoemd daar het in zee gevonden is, voor de westkust van de stad. Het dateert uit de 4de eeuw v. Chr. en is meer dan levensgroot. De godin wordt halfnaakt uitgebeeld, met een gewaad dat tot haar taille reikt. Het andere beeld toont Aphrodite naakt en is bekend als de Aphrodite van Rhodos. De godin, geknield, wringt het water uit haar haar na haar verrijzen uit de zee. Het beeldje, 49 cm hoog, wordt geplaatst in de 1ste eeuw v. Chr. en is gemaakt van marmer uit Paros.*

De marmeren leeuw op de binnenplaats van het museum. Tegenover de hoofdingang van het Ridderhospitaal, waa sinds 1916 het Archeologisch Museum gevhuisvest is.

Het marmeren beeldje van Aphrodite van Rhodos, in de gelijknamige zaal van het Archeologisch Museum.

— De bekende marmeren grafstele van **Krito en Timarista**, eveneens gevonden in de necropolis van Kamiros. Dateert uit de 5de eeuw v. Chr. en beeldt twee vrouwen uit, moeder en dochter. De moeder, Timarista, omhelst haar dochter Krito voor zij voor eeuwig afscheid nemen. Krito, met afgeknipt haar ten teken van rouw, streelt de schouder van haar moeder. De rechtervoet en arm van Timarista lijken wat naar rechts weg te wijken, weg van de ondergrond en weg van de wereld.
In het museum worden eveneens waardevolle vondsten tentoongesteld uit de Antieke begraafplaatsen van Ialyssos en Kamiros, vaatwerk, sieraden, scarabeeën en Rhodenzische amforen. Ook is er een rijke collectie munten uit de Oudheid en uit de Riddertijd, vroeg-Christelijke fresco's, wapenschilden van Ridders, grafstenen.

2

1

1. Grafstele van Krito en Timarista.

2. Beeld van Zeus (Dias) uit Kamiros, daterend uit de Hellenistische periode. (Zaal van de kleine Aphrodite).

3. De grote zaal met de marmeren grafstenen met reliëf, daterend uit de Riddertijd.

3

Grafstele van Kalliarista (4de eeuw v. Chr.).

Typisch Rhodenzische kruik van het type "Fykelloura", gedecoreerd met een serie patrijzen. (6de eeuw v. Chr.).

Een deel van de collectie op de binnenplaats van het Archeologisch Museum.

Castello

De Middeleeuwse stad wordt gedomineerd door het Paleis van de Groot Magistraat. De hoofdingang van het paleis bevindt zich aan de zuidkant. Na de overdekte ruimte rechts zijn drie zalen, gedecoreerd met fresco's van de schilder Vellana uit 1940. Aan de noordkant van de binnenplaats zijn marmeren beelden geplaatst die gevonden zijn in het Antieke Odeon van Kos. De corridor die voor de kapel langs loopt leidt naar de expositieruimte op de begane grond. De eerste verdieping van het paleis is indrukwekkend door zijn luxe en zijn rijkheid. Hij bestaat uit vele zalen, gedecoreerd met voorstellingen in reliëf, mozaïekvloeren, beelden, vazen, meubelen en verplaatsbare ikonen.

Folkloristisch Museum

Dit museum is gevestigd in een gebouw uit de Riddertijd dat bijna de gehele zuidkant van het Argyrokastrou-plein beslaat. De uitstekend onderhouden collectie tentoongestelde stukken bestaat uit meubelen, handwerk, traditionele klederdrachten en andere voorwerpen van traditionele Dodekanesos-volkskunst.

Openbare Pinakotheek

Bevindt zich op het Symi-plein, in de Middeleeuwse stad. De collectie omvat werken van hedendaagse Griekse schilders.

1

2

1. Theatermasker, mozaïek uit de Hellenistische periode.

2. De zaal met de zuilen. Een van de te bezichtigen zalen van het paleis, met een mozaïekvloer, bewerkt houten meubelen en kaarsendragers in de vorm van engelen.

3. Het Zeepaard met de Nimf (vloermozaïek in de gelijknamige zaal van het paleis, 1ste eeuw v. Chr.).

4. De binnenplaats van het Castello.

3

4

7

DE NIEUWE STAD

De Antieke stad - De moderne stad
Rodini-park - Monte Smith-heuvel

De ingang van Mandraki.

Gewoonlijk komen de boten uit Piraeus bij zonsopgang in Rhodos aan. Op dat uur schijnt de zon op een gouden zee en verguldt ook de twee beelden, de hertebok en -hinde, die boven op zuilen de haveningang (van de tegenwoordige Mandraki-haven) flankeren. Op dezelfde plaats stond volgens de traditie de beroemde Colossus, een van de Zeven Wereldwonderen van de Oude Wereld. Het was een bronzen beeld van enorme afmetingen, god Helios voorstellend, met een brandende toorts in de hand. Zijn ene been stond op het uiteinde van de ene havenpier en zijn andere been op de andere, en de schepen voeren onder zijn benen door. Een van de mooiste steden van het gehele Middellandse Zeegebied, gebouwd op de uiterste noordpunt van het eiland. De zee spoelt er omheen, ten westen en ten oosten en bijna het gehele jaar door wordt zij beschenen door een heldere zon. De stad combineert het cosmopolitische karakter van een moderne stad met de schilderachtigheid van de oude Middeleeuwse stad, waar de tijd stilgestaan lijkt te hebben. Tegenover de beelden van de hertebok en -hinde en even boven de haven domineert het Castello, het paleis van de Groot Magistraten van de Ridders van Rhodos. Daarnaast ligt de Middeleeuwse stad, onaangetast en levendig. De stad Rhodos met zijn 41.000 inwoners ligt op dezelfde plek als waar in 408 v. Chr. het Antieke Rhodos gebouwd werd. Het leven gaat er al 2.400 jaar ononderbroken door, monumenten uit alle historische periodes achterlatend, het ene naast het andere. Het moderne Rhodos biedt een indrukwekkend scala kleuren en vormen: beto-verende stranden, moderne gebouwen, schilderachtige wijken, indrukwekkende Middeleeuwse bouwwerken, Byzantijnse kerken en minaretten. Het groene element in de stad is uniek. Uitbundig groen rondom de walllen van het Middeleeuwse kasteel: de vele palmbomen wekken de indruk van een tropisch oord. Het aantal hotels, restaurants en tavernes, nachtclubs en winkels loopt in de honderden. Vanaf april tot in oktober ondergaat de stad een gedaanteverwisseling en is een internationale smeltkroes waar de buitenlanders in aantal de lokale bevolking overtreffen.

De Antieke stad

Ten oosten van de nieuwe stad is een aanzienlijk deel van het Antieke Rhodos bewaard gebleven. Dat zijn de Antieke haven, de huidige Mandraki-haven, met aan zijn ingang de beelden van de hertebok en -hinde. De Antieke stad Rhodos werd gesticht in 408 v. Chr. door het verenigen van de drie grootste steden van het eiland (Lindos, Ialyssos en Kamiros) op initiatief van Dorius, zoon van de Olympische Spelen-winnaar Diagoras. De stichting van de nieuwe hoofdstad vormde een mijlpaal in de geschiedenis van het eiland. Ook die stad werd Rhodos genoemd en lag op dezelfde plaats als de huidige stad.

Lucianus noemt Rhodos ***"een ware dochter van Helios"*** *(=de zon) en voegt eraan toe dat zij dezelfde schoonheid als de zon bezit. De veelbereisde Stravon schrijft dat* ***"Rhodos zoveel verschilt van andere steden dat zij met geen enkele te vergelijken is".*** *En ten laatste: Horatius noemt haar vol bewondering* ***"glorieus Rhodos".*** *Van de tempels van de stad onderscheiden zich door hun schoonheid en rijkdom de tempels van Helios, Asclepius, Zeus (of Dias) de Redder, van Hera en die van Dionysos. De laatste was versierd met ongeëvenaarde beeldhouw- en schilderwerken, ware kunstwerken van lokale en buitenlandse kunstenaars. De tempel van Helios was beroemd omdat zich daar het rijtuig met vier paarden bevond, één van de meesterwerken van Lysippus. Een dergelijk rijtuig hadden de Rhodenzers aan Delphi geschonken. De paarden van de Delphische beeldengroep zijn die, die men tegenwoordig kan bewonderen in de San Marco cathedraal van Venetië. Overigens waren beeldhouwwerken niet alleen te vinden in tempels en op andere plaatsen van aanbidding, maar ook in de straten en in openbare gebouwen. Meer dan drieduizend beeldhouwwerken nam Cassius mee naar Rome, waarmee hij tempels, paleizen en openbare gelegenheden van "de eeuwige stad" versierde. Indrukwekkend in het Oude Rhodos was ook de constructie van de gebouwen, die zoveel op elkaar leken dat de stad uit één groot huis leek te bestaan. Tenslotte noemen we nog de muren die de stad omringden en meer dan 15 km lang waren. Zij vormden met de hoge torens een bezienswaardigheid, waar men -zoals de wijsgeer Aristides schrijft-* ***"maar niet genoeg van kon krijgen".***

De Mandraki-haven van het Antieke Rhodos, met de twee herten aan de ingang.

Hij werd gebouwd volgens het schema dat ontworpen was ***"naar de wijze van Ippodamius"*** *d.w.z. op basis van een systeem met brede straten die in noord-zuid en oost-west richting liepen. Die straten kruisten elkaar, rechte hoeken vormend.*
Uit de beschrijvingen van Oude schrijvers en uit vondsten die bij opgravingen aan het licht kwamen, kunnen we concluderen dat Rhodos één van de mooiste steden van de Oude wereld geweest moet zijn. ***"Een schoonheid onder de Griekse steden vanwege het concept",*** *schrijft de wijsgeer Aelios Aristides die vol bewondering de havens en de pieren beschrijft, de scheepswerven (waar de Rhodenzers hun befaamde schepen bouwden), de tempels, de vele openbare gebouwen, de atletiekfaciliteiten, de hippodromen, enz.*

Van de kunstwerken van het Oude Rhodos zijn er maar weinig die niet geleden hebben door de tand des tijds, de zware aardbevingen, de invallen en andere rampen. Die weinige zijn echter toch nog voldoende om een beeld te geven van de schitterende stad en te getuigen van de verloren gegane schoonheid en grootsheid. Het Oude Rhodos was groter dan het huidige. De muren reikten in zuidelijke richting tot aan de heuvels die het noordelijke driehoekige gedeelte van het overige eiland scheiden (Monte Smith heuvel). De oppervlakte binnen de muren wordt geraamd op ongeveer 700 hectare. De bevolking van de Oude stad telde in de 3de en 2de eeuw v. Chr. ongeveer 80.000 hoofden. Binnen het ommuurde gebied waren twee acropolissen (=bovensteden): de ene boven op de Monte Smith heuvel en de andere, kleinere, op de plek waar nu het Ridderlijke Castello staat (zie Middeleeuwse stad blz. 44). Toen in 1522 de Turken de kasteelstad innamen, vestigden zij zich daar en stonden alleen de Joden toe in die buurt te blijven wonen. De Grieken werden uit de stad verdreven en mochten slechts in wijken buiten de muren wonen, bekend met de naam "Marasia". Die wijken vormden zich ten zuiden en zuidoosten van het Kasteel, waar ten tijde van de Ridders buitenhuizen en kerken stonden. Naar die kerken werden de nieuwe wijken genoemd. Gedurende de laatste eeuw vormde zich een nieuwe wijk, Niochori (Nea Chora) waar diegenen woonden die van omringende eilanden afkomstig waren en buitenlanders, voornamelijk Europeanen. Daar zetten de Italianen de nieuwe gebouwen neer die het centrum van de stad werden. De stad breidde zich uit, met andere nieuwe wijken op de Monte Smith heuvel en andere heuvels, verder naar het zuiden.

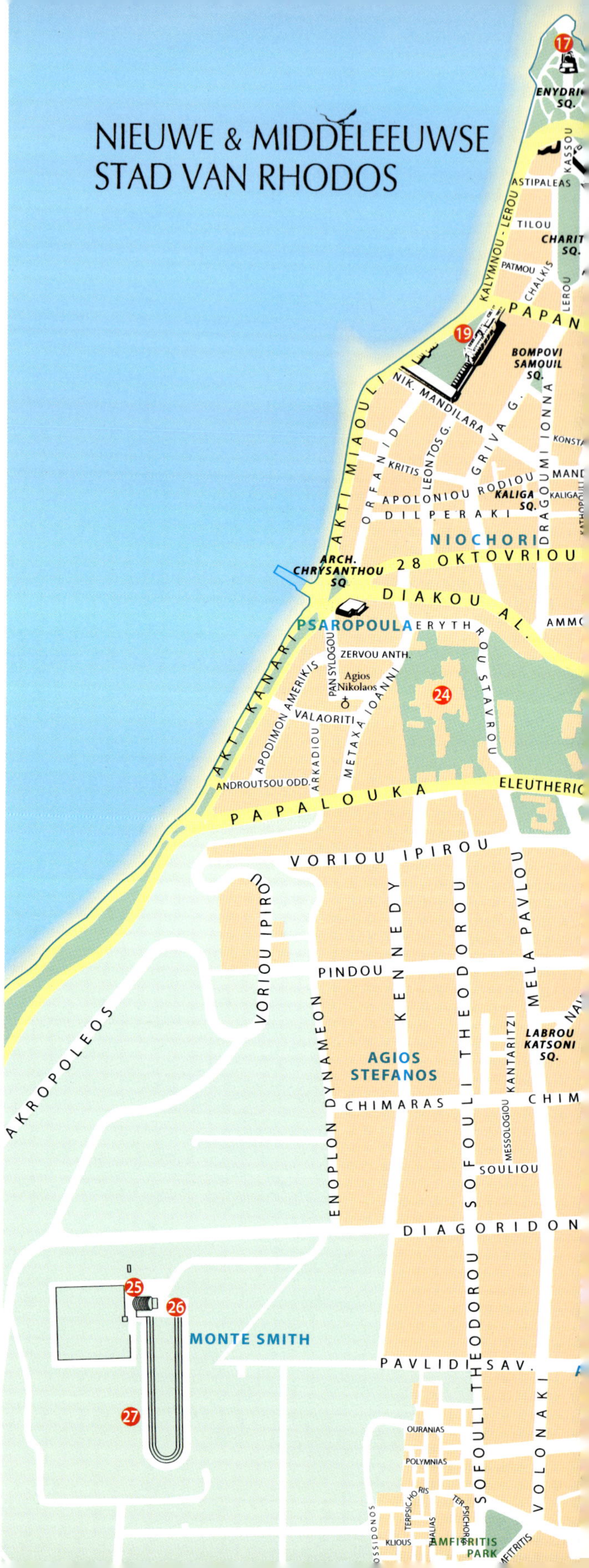

Plattegrond van de Nieuwe Stad
1. Kyprou-plein
2. Nieuwe markt
3. Busstation RODA
4. Busstation KTEL
5. Ingang Mandraki-haven
6. Middeleeuwse windmolens
7. Agios Nikolaos-fort
8. Bank van Griekenland
9. Gerechtshof
10. Postkantoor
11. Evangelismos-kerk
12. Provinciehuis (Bestuur)
13. Gemeentehuis
14. Nationaal Theater
15. Mourat Reis-moskee
16. Jachtclub
17. Aquarium
18. Tennisveld
19. Casino
20. Kantoren van Olympic Airways
21. O.T.E.
22. E.O.T.
23. Taxistandplaats
24. Ziekenhuis
Monte Smith
25. Antiek theater
26. Antiek Stadion
27. Apollo-tempel
28. Diagoras-stadion
MANDRAKI
LIMENAS
KOLONA
AKANTIA
KARNAGIO
OLD TOWN
KOUNTOURIOTI SQ.
ELEFTHERIAS SQ.
KYPROU SQ.
ALEXANDRIAS SQ.
RIMINI SQ.
NEORION SQ.
SYMIS SQ.
ARGYROKASTROU SQ.
IPOKRATOUS SQ.
PISIRODOU SQ.
ATHINAS SQ.
PLATONOS SQ.
SOFOKLEOUS SQ.
ARIONOS SQ.
DORIEOS SQ.
KONTI I. SQ.
DIONYSIOU SQ.
NIKASYLOU SQ.
KIMONOS SQ.
NAFSIKAS SQ.
LEONIDOU RODIOU SQ.
MELINAS MERKOURI SQ.
AGIAS AEKATERINIS SQ
DIAGORA SQ.
MARTYRON SQ.
VROUCHOU SQ.
KOSTARIDI SQ.
GERONTA SQ.
ELEFTHERIAS GATE
AGIOU PAVLOU GATE
NAVARINOU GATE
AGIAS EKATERINIS GATE
THALASSINI GATE
AGIA AEKATERINIS GATE
AKANTIAS GATE
AGIOU IOANNOU GATE
AGIOU ATHANASIOU GATE
ABOTAZ GATE
AG. ANTONIOU GATE
KANONION GATE
AGIOU GEORGIOU TOWER
TOWER OF PANAGIAS
THERME PARK
PLATANAKIA PARK
DIMOKRATIAS PARK
PAPANDREOU A. PARK
AGIOS GEORGIOS KATO
AGIOS GEORGIOS ANO
AGIA ANASTASIA
AGIOS ARTEMIOS
AGII APOSTOLI
AGIOS VERNARDINOS
AGIA KIRIAKI
AGII THEODORI
AGIA AEKATERINI
AGIA TRIADA
ARCHAGELOU MICHAIL
AGII ATHANASIOS
AGIOS PENTELEIMONOS
AGIOS ELEFTHERIOS
AGIOS GEORGIOS KATO
AGIOS GEORGIOS ANO
AGIOS IOANIS APOKEFALISTIS
25 MARTIOU
PAPAGOU
EVDOMIS MARTIOU
AKTI SACHTOURI
AFSTRALIAS
DIMOKRATIAS
FILELLINON
VIRONOS
KOLOKOTRONI
VENETOKLEON
PATRIARCHI ATHINAGORA
IPSILANDOU
DAMASKINOU
SOKRATOUS
OMIROU
IPOTON
PROMITHEOS

Moderne Stad

We beginnen onze rondgang door de Nieuwe Stad op het Kyprou-plein, het hartje van het winkelcentrum. Daar rondom heen vindt men enkele van de mooiste boutiques van Rhodos, juweliers, stoffenmagazijnen en kleermakers en bijna alle banken. De Galliass-traat uitlopend komen we bij een groot zevenhoekig gebouw, de ***Nea Agora*** *("Nieuwe Markt"). Tientallen winkels op de begane grond en kantoren op de bovenverdieping liggen rondom een grote ruimte waar groentewinkels zijn, slagerijen, viswinkels, snackbars en cafetaria's. Van hieruit zien we een gedeelte van het Paleis van de Groot Magistraten en midden in een fraaie tuin worden voorstellingen* ***"Licht en Geluid"*** *gegeven. Nog 100 m verderlopend, om de Nea Agora heen , staan we voor de Mandraki-haven. Dat was de militaire haven van het Antieke Rhodos, waarvan de ingang met kettingen werd afgesloten. Bovenop de lange havenpier staan de drie Middeleeuwse windmolens die het graan maalden dat daar door de schepen gelost werd. Hier vandaan kunnen we de grote handelshaven van Rhodos zien, de zogenoemde Emporio, en wat verderop de tweede haven, Akantia. Aan het einde van de havenpier staat het* ***Fort van Agios Nikolaos****. Het werd in de 15de eeuw gebouwd door de Ridders om zich beter te kunnen verdedigen tegen de Turkse aanvallen.*

1

2

1. Kyprou-plein.

2. De ingang van de Nieuwe Markt voor de Mandraki-haven en het Ridderlijke Castello op de achtergrond.

3. De pier van de Mandraki-haven met de Middeleeuwse windmolens en het Agios Nikolaos-fort op de achtergrond.

4. De tuin waar de "Licht en Geluid"-voorstellingen gegeven worden.

3
4

*Van de strandboulevard (Eleftherias-plein) die parallel loopt met de aanlegkade van de haven, starten elk half uur bussen van de stadslijndienst die er ongeveer een half uur over doen om hun route door het centrum te rijden en dan weer terugkeren naar hun beginpunt bij de haven. Als we de boulevard in noordelijke richting volgen, komen we achtereenvolgens langs de **Trapeza Ellados** (Bank van Griekenland), het **Gerechtsgebouw** en het **Postkantoor**. Tegenover het postkantoor staat de **Evangelismos-kerk** (Maria Boodschap), in dezelfde stijl gebouwd als de Ridderkerk van de Heilige Johannes die tegenover het Paleis van de Groot Magistraten stond. Het is de Cathedraal van de stad. Even verderop is het **Gebouw van Provinciale Zaken**, en daar recht tegenover het **Gemeentehuis** en het **Nationaal Theater**. Al deze gebouwen dateren uit de tijd van de Italiaanse overheersing (1912-1943). Naast het Nationaal Theater staat de kleine maar fraaie **Mourat Reis-moskee**, met een sierlijke witte minaret.*

*Ten noorden, recht tegenover de haveningang, is de **Jachtclub**, waar jonge mensen les krijgen in zeilen, roeien en zwemmen. Bij de Jachtclub begint een mooi zandstrand dat zich uitstrekt tot aan het **Aquarium**, op de noordpunt van het eiland. Het zandstrand loopt door in zuid-westelijke richting. Elke zomer komen hier duizenden toeristen-zonaanbidders.*

Dit sluit geheel aan bij de mythe, die wil dat Helios (de zon) een aparte plaats innam onder de goden van het Antieke Rhodos.

1

2

3

4

1. De Evangelismos-kerk

2. Eleftherias-plein

3. Nationaal Theater

4. Straat in Chourmadies.

5. Bestuursgebouw (Provinciehuis).

6. Het Aquarium en het zandstrand aan de noordkant van de stad.

5

6

Het Rodini-park

Het park ligt ongeveer 3 km van het centrum van de stad, langs de weg naar Lindos. Het Rodini-park is een groene vallei, diep beschaduwd, met stromend water en meertjes met waterlelies. Midden in deze ideale omgeving leven en broeden in volledige vrijheid vele pauwen die er een speciaal, bijna exotisch tintje aan geven. Volgens sommigen is Rodini de plek waar de Oude Retorische School van Rhodos stond. Als u een minuut of 10 langs de beek loopt komt u bij een in een rots uitgehouwen graf, dat geheel onjuist Graf der Ptolemeeërs genoemd wordt. De rots is zodanig bewerkt dat hij de vorm heeft gekregen van een grote vierhoekige tombe-basis, waarvan de zijkant 27,89 m lang is. Elke zijde is gedecoreerd met 21 halve zuilen in Dorische stijl. Het monument dateert uit de Hellenistische periode en werd gerestaureerd in 1924.

De Monte Smith-heuvel

(De Boven-Acropolis van het Antieke Rhodos)

U kunt hem bereiken te voet, (iets minder dan 3 km van het stadscentrum) of per stadsbus.
Deze heuvel heeft zijn naam te danken aan de Engelse admiraal Sir Sidney Smith, die hier in 1802 zijn uitkijkpost had om de bewegingen van Napoleons vloot gade te slaan tijdens zijn oorlog met Turkije.
Iets ten zuiden van de top is een groep belangrijke monumenten uit de Oudheid.
Midden in een natuurlijke diepte ligt het ***Stadion****, een werk dat waarschijnlijk uit de 2de eeuw v. Chr. stamt en waarvan een groot gedeelte is gerestaureerd. Het heeft een lengte van 200 m en een breedte van 35 m. Hier worden regelmatig concerten gegeven door bekende Griekse en buitenlandse groepen die 's zomers Rhodos aandoen.*

Naast het stadion is een klein ***theater*** *waarvan de weinige overblijfselen toch voldoende waren om het oorspronkelijke ontwerp te herkennen en dat werd aangevuld en gerestaureerd met wit marmer. Sommigen nemen aan dat het meer waarschijnlijk is dat het gebruikt werd voor de Lessen in Welsprekendheid van de beroemde Retorische School van Rhodos dan voor theatervoorstellingen.*
Wat hoger stond de grote ***Tempel van Pythiou Apollo****. Uit de weinige restanten die ervan zijn overgebleven is één hoek van de tempel herbouwd. De drie bovengenoemde gebouwen vormden tezamen met het* ***Gymnasium****, het centrum van het culturele en artistieke leven van het Oude Rhodos.*

Algemeen overzicht van het Archeologisch terrein van Monte Smith.

1

2

Boven op de heuvel was de boven-acropolis van het Antieke Rhodos. De beneden-acropolis bevond zich op de plek waar nu het Castello in de Middeleeuwse Stad staat.
Het uitzicht hiervandaan is fantastisch, zowel landinwaarts als in de richting van de zee, waar de dichtstbijzijnde eilanden en de kust van Klein Azië te zien zijn.
We raden u aan dit punt in de namiddag te bezoeken zodat u buiten al het andere, tevens kunt genieten van de zonsondergang, waarbij de zon langzaam en vuurrood achter de horizon verdwijnt.

1. Het Archeologisch terrein van Monte Smith, met op de achtergrond de baai van Ialyssos.

2. Het gerestaureerde theater.

3. Blik op het archeologisch terrein met uitzicht op de noord-oostkust van het eiland.

4. De Pythiou Apollo-tempel op de top van de heuvel, met uitzicht over de Middeleeuwse stad.

3

4

8

OOSTKUST

Koskinou - Kallithea - Faliraki - Afantou Kolymbia - Archangelos -Kattavia - Prassonissi

Gedurende deze tocht zullen we de gehele ooskust verkennen, beginnend in de stad Rhodos en eindigend aan de uiterste zuidpunt van het eiland, Prassonissi. In het midden van de tocht die ongeveer 102 km lang is, ligt het beroemde Lindos met de indrukwekkende Oude acropolis en het dorp in Aegeïsche eilandstÿl onder aan de rotsen. De gehele oostkust heeft ontelbare aantrekkelijkheden voor de bezoeker te bieden, te beginnen bij het toeristisch ontwikkelde gebied dat zich uitstrekt van de stad tot aan Lindos en tot aan het mooie maagdelijke Prassonissi, dat met het overige Rhodos verbonden is door een smalle zandstrook. Men kan van deze tocht een ééndagsexcursie maken en slechts enkele uren in Lindos verblijven, een frisse duik nemen in een van de mooie rustige baaitjes en de maaltijd gebruiken in een of andere taverne die daar te vinden zijn, of, als men dat prefereert, gaan zwemmen aan een toeristisch geëxploiteerd en druk bevolkt strand waar men tevens tientallen restaurants aantreft. Tijdens deze tocht kunt u Kallithea bezoeken met mooie oude thermale baden, Faliraki met zijn gouden zandstrand en moderne hotelcomplexen, Kolymbia, het populaire Tsambikastrand, het traditionele dorp Archangelos, het diep in het groen verzonken dorp Lardos, het vissersdorpje Kiotari, het dorp Gennadi, tot en met het nieuwste dorp van Rhodos, Kattavia, van waaruit een weg naar Prassonissi loopt. De variatie in de natuurlijke omgeving in combinatie met de vele bezienswaardigheden nodigen de bezoeker uit tot een nadere kennismaking. Langs de hele tocht kan men archeologische terreinen bezoeken, kastelen, kloosters, dorpen met een sterk folkloristisch karakter, bergen en bronnen zowel als ontelbare goudkleurige zandstranden en schilderachtige beschutte baaitjes.

Koskinou - Kallithea

Vanuit de stad Rhodos volgen we de kustweg die naar Faliraki gaat en nadat we het kustdorpje ***Agia Marina*** *gepasseerd zijn, komen we bij het* ***Reni****-strand bij het dorp Koskinou. Langs de rotsige kust liggen schitterende kleine baaien met zandstrandjes verstopt. Boven zulke baaitjes zijn enkele van de grootste en mooiste hotelcomplexen van het eiland gebouwd. Rechts leidt een weg van 2 km naar het dorp* ***Koskinou****, dat op 8 km afstand van de stad Rhodos ligt in een gebied met fruitbomen. Het wegennet is er goed en u kunt er komen vanaf de weg Rhodos-Lindos en vanaf de provinciale weg Rhodos-Kallithea-Faliraki.*

Het gehucht Koskinou staat op de lijst van behoudenswaardige monumenten, met prachtige traditionele huizen, die elke zomer door duizenden toeristen bezocht worden. Zij zijn gedecoreerd met veelkleurige aardewerken borden en geweven stoffen, en de voorhofjes, vol bloemen, zijn geplaveid met spierwitte kiezels.

Op 17 juli, de naamdag van de heilige Marina, vindt een groot volksfeest met kermis plaats. Ook op 27 september, Dag van het Toerisme, is er een plaatselijk evenement met muziek, volksdansen en gezang. In de omgeving staat het kerkje van Agios Loukas uit de 4de eeuw en dat van Agia Irini (19de eeuw) staat midden in het dorp.

De kustweg vervolgend, komen we na 11 km van de stad vandaan bij ***Kallithea****.*

De bronnen met geneeskrachtig water dat tot enkele jaren geleden vele zieken aantrok, zijn nu niet meer in bedrijf, maar het loont toch de moeite de badinrichtingen te bezoeken en een duik te nemen in de rustige kleine baaien. Er bestaan momenteel plannen om de bronnen weer in bedrijf te stellen.

1

2

1. Traditionele huizen in Koskinou.

2. De prachtige baaitjes aan de druk bezochte kust bij Koskinou.

3. Het schilderachtige haventje van Kallithea.

4. Het bestraten van binnenplaatsen met kiezelmozaïek is een traditie in Koskinou.

3

4

Faliraki

*Vanaf Kallithea loopt de weg naar beneden en na 1 km strekt zich voor ons het befaamde strand van **Faliraki** uit, meer dan 5 km goudkleurig zand en kristalhelder zeewater. Aan dit fraaie strand zijn supermoderne hotelcomplexen neergezet die aan alle eisen en wensen voldoen. Ze bieden zelfs gelegenheid tot vele soorten watersport. Tijdens de Nautische Week vinden watersportwedstrijden plaats. Men kan Faliraki bereiken vanaf de hoofdweg Rhodos-Lindos (16 km).*

Boven: De Agios Nektarios-kerk in Faliraki en het drukbezochte fraaie zandstrand met moderne hotelcomplexen.

Kalythies

Rechts van Faliraki ligt het dorp Kalythies met zijn nauwe straatjes en de Timiou Stavrou-kerk waar op 14 september een groot feest plaatsheeft. Ook de kerk van Metamorfosis tou Sotira met een uit de 16 de eeuw is te bezichtigen. De omgeving is rijk aan monumenten en schilderachtige plekjes. Olijfboomgaarden in de dalen, pijnbomen en Oudheden in de bergen. Ten noorden van het dorp staat het ***Eleoussa-klooster*** *met prachtige wandschilderingen en twee familiewapens uit de Riddertijd bij de ingang. Ten westen van het dorp Maritsa is de acropolis van* ***Sarantapychou****, de oudste van noordelijk Rhodos. Aan de kant van Psinthou is de Agios Georgios-grot met stalactieten, die wordt beschouwd als de oudste Neolitische woning van het eiland.*

Ladiko

Na Faliraki kunt u linksaf slaan naar een kleine, rustige, azuurblauwe baai, de Baai van Ladiko, een van de mooiste van Rhodos. Op de heuvel tussen ***Ladiko*** *en de Baai van Afantou staat het fort* ***Erimokastro****. De ingang van de acropolis en gedeelten van drie torens zijn nog te onderscheiden. Onder het fort zijn graven aangetroffen uit de Myceense tot aan de Romeinse periode. Het uitzicht naar de kust bij Afantou en Ladiko is prachtig. Verder langs de hoofdweg staat links het* ***Profeet Amos-klooster.***
De enkelschepige basiliek heeft fresco's uit de 18de eeuw en viert zijn naamdag op 15 juni.

De Azuurblauwe baai van Ladiko.

Afantou

*De weg van Rhodos naar Lindos volgend, komen we na 5 km rechts bij het dorp **Afantou** en links ligt het strand van Afantou. Het dorp Afantou, omringd door vrucht- en olijfbomen, is één van de grootste en oudste dorpen van Rhodos, met zijn wortels diep in de geschiedenis en de tradities van het eiland geworteld en neemt een bijzondere plaats in op het gebied van tapijtweven. Naast het grote plein steekt de Panagia-kerk (Onze Lieve Vrouwe) overal bovenuit. Langs de weg naar de kust staat de Panagia tis Katholikis. Deze kerk heeft wandschilderingen uit de 17de eeuw en viert zijn naamdag op 15 augustus. Het uitgestrekte Afantou-strand heeft kristalhelder water en fijne kiezels. Vlakbij is de Golfclub van Rhodos.*

Het traditionele dorp Afantou en de kust bij Afantou.

Kolymbia

Na 4 km vanaf Afantou komen we bij het mooie **Kolymbia.** *Vanuit het dorp leidt een 2 km lange weg, geflankeerd door eucalyptusbomen, naar de kust met mooie kleine baaien met zandstrand.*
Het toeristische zomeroord Kolymbia heeft prachtige zandstranden te bieden met moderne hotelfaciliteiten die de bezoeker alle gemakken bieden voor een aangenaam verblijf.
De omgeving is ook ideaal voor het beoefenen van de vissport.

1. De weg met Eucalyptus-bomen die naar het strand van Kolymbia loopt.

2. Kolymbia, met fraaie baaitjes met zandstrand en moderne hotelcomplexen.

1

2

3

4

Kolymbia - Epta Piges

*Als men in Kolymbia rechtsaf slaat, eilandinwaarts, komt men na 3.5 km bij **Epta Piges**. Een schitterend groene vallei met platanen, waar zomer en winter water klatert uit bronnen die beekjes vormen. Al dat water verzamelt zich in een kunstmatig aangelegd meer en van daaruit wordt het gedistribueerd om voor bevloeiïng van de vlakte van Kolymbia te zorgen. Dit kunstmatige meer is te bereiken via dezelfde tunnel als waar het water doorheen stroomt. Van hieruit gaat de weg in westelijke richting met vele aftakkingen verder eilandinwaarts.*

Tsambika

Drie km na Kolymbia slaan we linksaf, langs de heuvel op de top waarvan het Tsambika-klooster staat, en komen bij een schitterend, populair maar naamloos strand, dat 1,5 km van de hoofdweg afligt. Goudkleurig zand en kristalhelder water, een ideale plek om te zwemmen en voor watersporten.
*Het loont de moeite om vanuit de stad naar het **Tsambika-strand** te gaan per kaïk, waarmee ééndagscruises georganiseerd worden. Vóór de wegafslag die naar de kust gaat, begint rechts de helling omhoog naar het **Panagia tis Tsambikas i Kiras-klooster** (Onze Lieve Vrouwe van Tsambikas), dat bovenop de dicht begroeide heuvel staat. Men kan 3/4 van de afstand per auto afleggen. Dan blijven er nog 15 minuten lopen over om de top te bereiken (287 m hoog) van waar men een panoramisch uitzicht heeft over de kust bij Afantou, Kolymbia en Tsambika en eilandinwaarts (tot aan de Atavyros-berg). Het klooster werd gebouwd in de 16de eeuw. Op 8 september viert het zijn naamdag met een groot volksfeest. In de kerk kan men prachtige interieurdecoraties bewonderen en de wonderdoende Evangelismos tis Theotokou-ikoon. (Maria Boodschap).*

3. De prachtige groene vallei bij Epta Piges.

4. Het goudkleurige zandstrand bij Tsambika, met kristalhelder water. Ideaal om te zwemmen en voor andere watersporten.

Het traditionele marktstadje Archangelos en de kust bij Stegna, ten oosten daarvan.

Archangelos - Stegna - Charaki

*Op 4 km na Tsambika, aan de weg Rhodos-Lindos, ligt het dorp **Archangelos**. Een traditioneel marktstadje met een kleine tapijtfabriek en aardewerkproduktie. Archangelos heeft ondanks het toeristenbezoek nog steeds zijn folkloristische karakter behouden. In de Culturele Week, van 12 tot 20 augustus, zijn er dans-en zang manifestaties. Vlakbij het dorp, op de top van een rots, zijn ruïnes bewaard gebleven van een Middeleeuws kasteel dat gebouwd werd door Groot Magistraat Orsini in 1467.*
*Even voor Archangelos gaat een 2 km lange weg naar beneden, naar het **Stegna**-strand. De baai heeft een geheel eigen schoonheid, met dicht groen. Buiten het dorp, langs de hoofdweg, staat het Byzantijnse **Agion Theodoron-klooster** met fresco's uit de 14de eeuw.*
*Vier km na Archangelos is een afslag naar links, 3 km, naar **Charaki**. Dat is de nederzetting aan de kust, zomervakantieoord van de dorpen Malona en Masari, die op Lindos uitkijkt.*

Feraklos-kasteel

Een km vóór Charaki, is een weg linksaf die na 800 m bij een schilderachtige kleine baai uitkomt, met goudkleurig zandstrand.
*Tussen deze baai en Charaki, staat op de top van een rots het **Feraklos-kasteel**. Dat was een van de laatste forten die in handen van de Turken vielen. De Ridders gebruikten het als gevangenis voor krijgsgevangenen en voor Ridders die de regels van de Orde overtraden.*
Vanuit Archangelos kan men een kleine omweg maken via de oude weg die door de dorpen Malona en Massari loopt. Daarbij komt men door de vruchtbare vlakte van Naithonas, met sinaasappelbomen.
*Ten noordwesten van het dorp Malonas staat het **Stavros-klooster**. Het dorp Massari combineert het gezelschap van de eenvoudige dorpsbevolking met een dichte begroeiïng. Tussen beide dorpen, midden in een dicht bos, staat het mooie **Kamyri-klooster**, meer dan duizend jaar oud, gewijd aan Aartsengel Michaël.*

Het Charaki-strand met op de achtergrond het Feraklos-kasteel.

Kalathos - Vlycha - Lindos

Als we de weg naar Lindos verder volgen, ligt op 7 km na Masari het dorp ***Kalathos.*** *Hier was de oude stad van Lindos, Klasii. Na Kalathos gaat de weg rechtdoor verder naar Lindos, rechtsaf naar de dorpen in zuidelijk Rhodos, en de weg naar links daalt af naar de prachtige* ***Vlycha-*** *baai met een oneindig strand. In deze omgeving was in de Riddertijd de weide- en landbouwgrond van Lindos. Vlakbij het strand ligt uitgehouwen in de rots de kerk van Panagia tis Evlo, (Onze Lieve Vrouwe van Evlo) met fresco's uit de 14de eeuw. Onmiddelijk na de Baai van Vlycha domineert de Acropolis van Lindos. Lindos met zijn Aegeïsche bouwstijl en indrukwekkende Acropolis vormt een unieke en onvergetelijke gebeurtenis (zie het betreffende hoofdstuk over Lindos, blz. 102). We keren terug naar de hoofdweg, boven de Vlycha-baai. De weg loopt door een vallei, die de doorgangsweg vormt naar het binnenland en naar het zuiden van het eiland.*

Even voor Lindos ligt de prachtige baai van Vlycha.

Lardos - Ypseni-klooster - Pefki

In deze vallei ligt het dorp Pylona (de poort naar zuidelijk Rhodos) met de Evangelismos-kerk (Maria Boodschap) met fresco's uit de 14de eeuw. In de omgeving van Aspropylia zijn graven uit de Minoïsche tijd aangetroffen. Op 6 km van de afslag ligt het dorpje ***Lardos,*** *verstopt tussen het groen. Een weg van 5 km tussen groene heuvels door leidt naar het* ***Panagia Ypseni-klooster,*** *met een ikonostaas van olijfhout. Op 2 km afstand van het dorp ligt de prachtige baai van Lardos met azuurblauw water en een mooi strand. Aan de oostzijde van de baai ligt het gehucht* ***Pefki,*** *zomervakantieoord. Vanuit Lardos leidt een zijweg na 12 km naar het dorp Laerma, in het centrum van het eiland. De weg loopt door naar de dorpen in het zuiden, langs stille stranden en pracht ige baaitjes.*

1. De Aartsengel Michael-kerk in het dorp Lardos.
2. Het kustdorpje Pefki.
3. De fraaie baai van Lardos.

1

2

3

Kiotari - Asclepion

Negen km vanaf Lardos komen we bij het vakantie-gehucht ***Kiotari****. Kiotari ligt aan de noordkant van de uitgestrekte Gennadi-baai, met kristalhelder water en kiezelstrand. Het natuurlijke haventje wordt gebruikt door vele amateurvissers. 4 km ten noordwesten van Kiotari ligt het traditionele dorp* ***Asclepion****, in Aegeïsche stijl gebouwd op de helling van een heuvel, met spierwitte kleine huisjes en nauwe straatjes. Aan de ingang van het dorp staat de Byzantijnse kerk "Kimisi tis Theotokou" (Maria Hemelvaart), met fresco's, daterend uit de 11de eeuw. De naamdag van de kerk wordt gevierd op 15 augustus. In het dorp zijn een folkloristisch en een kerkelijk museum in bedrijf. Op de top van de heuvel staat een Byzantijns-Venetiaans fort uit het jaar 1200 A.D. Even buiten het vakantiedorp Kiotari staat het kleine* ***Metamorfosi tou Sotirou****-klooster uit de 8ste eeuw, dat zijn feestdag heeft op 6 augustus.*

Gennadi - Lachania - Plimmyri

Na Kiotari, in zuidelijke richting, ligt in het midden van de baai het dorp ***Gennadi****, op 64 km van de stad. In de Oudheid was de stad Pedieon een van de 12 steden van de staat Lindos. In het prachtige dorp staat de Agia Anastasia tis Romaias-kerk, daterend uit de 6de eeuw en met een rijke geschiedenis. De natuurlijke schoonheden van Gennadi zijn de prachtige berg en de schone zee. Vanuit Gennadi gaat de weg in westelijke richting via het in de bergen gelegen* ***Vati*** *naar* ***Apolakkia****, ten westen van Rhodos. Ten zuiden van Gennadi gaat een afslag naar links naar het dorp* ***Lachania****. Hier zijn de restanten te vinden van de kerk van de Heilige Habakuk. Het dorp heeft schitterende stranden met als belangrijkste dat van* ***Plimmyri****, dat een vissersbasis heeft. Tevens zijn er vele oude kloosters in de omgeving, waarvan het bekendste dat van* ***Zoodochos Pigis*** *is.*

Het vissersdorpje Kiotari, aan de noordkant van de baai van Gennadi.

Kattavia - Prassonissi

Zeven km na de wegkruising naar Plimmyri, komen we na de gehuchten Chochlaka en Agios Pavlos bij het meest zuidelijke dorp van Rhodos, ***Kattavia.*** *Vlakbij is een plek met de naam Kattavos, centrum van de Oude stad "Kattavii".*
Degenen die van avontuur houden, kunnen doorgaan naar de uiterste zuidpunt van Rhodos, het schiereiland ***Prassonissi.***
Te bereiken via een zandpad van 12 km vanaf Kattavia. Prassonissi is met het hoofdeiland verbonden door een smalle zandstrook van ongeveer 1000 m lang. Al naar gelang de windrichting is aan de ene kant van de zandstrook de zee woelig en aan de andere kant kalm.

Boven: Prassonissi, het meest zuidelijke puntje van het eiland.

Onder: de eindeloze baai van Gennadi.

9

LINDOS

Geschiedenis - de Acropolis - het traditionele dorp - de kust - de haventjes

Aan de oostkust van het eiland, op 50 km afstand van de hoofdstad Rhodos, ligt Lindos. Lindos behoort evenals de Oude stad Rhodos tot de monumenten die als "behoudenswaardig" gekenmerkt werden, en heeft derhalve haar traditionele aanzien behouden. Dagelijks komen vele Griekse en buitenlandse toeristen het dorp en de Acropolis bewonderen en genieten van de mooie stranden die het omringen.

Volgens Homerus werd Lindos in de 12de eeuw v. Chr. gebouwd door de Doriërs, evenals Kamiros en Ialyssos. Rhodos nam met negen schepen deel aan de Trojaanse Oorlog en die waren waarschijnlijk allemaal afkomstig uit Lindos. Dat feit duidt erop dat Lindos de machtigste stad van Rhodos was. Die ontwikkeling was te danken aan haar machtige zeevloot. De twee havens en de onneembare Acropolis waren uniek voor Rhodos. Er bestaat informatie dat Lindos reeds in de 7de eeuw koloniën bezat en een monopoliepositie innam wat betreft een groot gedeelte van de handel en zeevaart in het Middellandse Zeegebied. De Lindiërs waren de eersten die een Zeevaartwet opstelden, later bekend met de naam "Rhodiakos Nomos" (="Wet van Rhodos"). Die wet vormde later de basis van het Romeinse Zeevaartrecht en vormt tevens de basis van de moderne maritieme wetten. De Lindiërs waren ook vooraanstaande beeldhouwers. Hun bronzen beelden waren bekend om de hoogstaande techniek. De bekende Colossus van Rhodos was zo'n bronzen beeld, gemaakt door de Lindische kunstenaar Charis. De stad was op het hoogtepunt van haar roem in de 6de eeuw v. Chr., vooral onder het bewind van Cleovoulos, die meer dan 40 jaar regeerde. Cleovoulos wordt beschouwd als een van de zeven wijsgeren uit de Oudheid, voornamelijk omdat hij de eerste was die subsidie van openbare werken door burgers propageerde, door middel van het inzamelen van bijdragen. De gelden van deze inzamelingsacties werden gebruikt voor de bouw van de Athena-tempel, rond 550 v. Chr., voor het aquaduct in Krana dat nog steeds bestaat en waarvan het water uit de muurfontein op het dorpsplein stroomt.

De Acropolis van Lindos steekt boven het schilderachtige dorp en de voor de wind beschutte baaien uit.

1. Het dorp Lindos met de Acropolis. 2. Poorten naar binnenplaatsen, typerend voor Lindos. 3. Het prachti

De trap naar het kasteel.

Het heiligdom van Lindia Athena.

Na het gestoelte en het reliëf van de trireem gaan we naar boven, naar het verste gedeelte van de Acropolis. We gebruiken de trap die door de Ridders is aangelegd en die naar het kasteel loopt. Boven de poort zien we het familiewapen van Groot Magistraat D'Aubusson. De aanwezigheid van dit wapenschild toont aan dat het kasteel aan het einde van de 15de eeuw gerestaureerd werd. Links van ons zijn nog enkele treden van de oude trap te zien. Na de eerste zaal van het kasteel gaan we linksaf, door de tweede zaal heen, en komen bij een reeks opslagplaatsen in de open lucht. Links is nog een tribune, die volgens één opvatting de plek was waar de nieuwe Verlichten ingewijd werden in de mysteriën van de Athena-aanbidding. Rondom bevinden zich sokkels van beelden, terwijl wat verder naar links de ruïnes van een Romeinse tempel te zien zijn. De trap rechts gaat naar het derde terras. Hier is een grote ***Hellenistische stoa*** *in U-vorm. Men zegt dat voor die vorm gekozen werd omdat hij lijkt op de open handen waarmee de pelgrimsvaarders verwelkomd werden.*

De stoa (galerij) dateert uit het einde van de 3de eeuw v. Chr., is 87 m lang en heeft 42 Dorische zuilen aan de voorkant. De restauratie van de stoa en andere ruïnes van de Acropolis werd gerealiseerd tijdens de Italiaanse bezetting. Aan de noordoost-hoek van de stoa zien we de overblijfselen van de Byzantijnse Agios Ioannis-kerk. De brede trap leidt van hieruit naar de ***Propyleeën****.*
Hij wordt wel eens "hemelse trap" genoemd, en wekt inderdaad de indruk dat je tot in de wolken opstijgt. Bovenaan, op het vierde terras, staat de herbouwde ***Tempel van Lindia Athena****. De tempel is klein, slechts 22 m lang bij 8 m breed, maar past zo perfect in de natuurlijke omgeving en de opstelling van de overige gebouwen van de Acropolis dat als hij groter was geweest, hij wellicht uit de toon zou vallen.*
De aard van het terrein dwong de bouwers tot het volgen van een ongebruikelijke Noord-Zuid richting.

Volgens een bepaalde mythe was de eerste tempel die op deze plek gebouwd werd een werk van Danaos, die na vertrek uit Egypte met zijn 50 vijftig dochters Lindos aandeed. Hedendaagse onderzoekers nemen aan dat de aanbidding van godin Athena in de 8ste eeuw v. Chr. een aanvang nam. De tempel waarvan we vandaag de restanten zien, werd halverwege de 4de eeuw gebouwd, bovenop de ruïnes van een oudere tempel. In het midden ervan is de sokkel te onderscheiden van het Athena-beeld. Dit beeld was vervaardigd van marmer, hout, goud en ivoor en behoorde tot de mooiste produkten van Griekse kunst. Keizer Theodosius II bracht het over naar Constantinopel en daar werd het later verwoest. Vanaf de zuidhoek van de 116 m hoge steile rots is de kleine haven van Agios Pavlos te onderscheiden. De haven heeft zijn naam te danken aan de Apostel Paulus die hier aan land kwam toen hij in 57 A.D. Lindos bezocht.

Het haventje van Agios Pavlos.

*Het **Antieke Theater** van Lindos bevindt zich rechts van de haven. Enkele delen van de in de rotsen uitgehouwen tribunes en orkestruimte zijn bewaard gebleven. Ten westen van de Acropolis, op de Kranas-heuvel, is de Antieke begraafplaats. De meeste graven zijn in de loop der tijden ingestort, met uitzondering van het familiegraf van Archocrates uit de 2de eeuw v. Chr., waarvan slechts het middelste gedeelte verwoest is en dat een goed voorbeeld is van de hoogstaande grafkunst van Lindos. Een bezoek aan de Acropolis van Lindos is een onvergetelijke ervaring met een schitterend uitzicht over het dorp, de zee, de twee havens en over het eiland.*

Overzicht van de Acropolis van Lindos en het dorp. Onder de Acropolis is het theater te onderscheiden.

Het dorp Lindos bekeken vanaf de Acropolis.

***Van de Acropolis afdalend en dwalend door de nauwe straatjes van de stad met de vele souvenirwinkels** (foto 1), mag de bezoeker vooral niet vergeten een bezoek te brengen aan de Theotokou-kerk (Moeder Gods), die vlak bij het dorpsplein staat.*
*Hij werd waarschijnlijk gebouwd in de 14de eeuw, op de plaats van een oudere kerk. Groot Magistraat D'Aubusson wijdde hem in 1489 in en **bouwde de campanile waarop zijn familiewapen prijkt** (foto 2). De kerk is in kruisvorm gebouwd en heeft een achthoekige koepel. Het interieur is gedecoreerd met goed bewaard gebleven fresco's uit 1779, terwijl de houten iconostaas en de bisschopstroon prachtige voorbeelden van 17de eeuwse houtsnijkunst vormen. **De vloer van de kerk is gemaakt van zwarte en witte grove kiezels in visgraatmotief** (foto 3). Deze techniek, bekend als "chochlaki", bereikte zijn hoogtepunt tijdens de Byzantijnse periode.*

1

Een kijkje in het dorp Lindos.

2

3

10

WESTKUST

Ixia - Ialyssos - Filerimos
Vlindervallei - Tholos - Kamiros
Kritinia - Monolithos - Apolakia

De tocht langs de westkust van het eiland die begint in de stad en eindigt bij Katavia, het meest zuidelijk gelegen dorp van het eiland, is 110 km lang en biedt de toerist een grote verscheidenheid aan bezien swaardigheden. De drukke en georganiseerde stranden van Ixia en Ialyssos in combinatie met de belangrijke archeologische ter reinen, de Middeleeuwse kastelen van Filerimos, Castello en Monolithos zowel als de unieke Vlindervallei vormen een onvergelijkbaar samengaan van historie, natuurlijke schoon-heid en moderne toeristische ontwikkelingen. Als u deze afstand op één dag wilt afleggen, rijdt u langs de westkust en werpt u slechts een vluchtige blik op al deze bezienswaardigheden, waarbij het zwaartepunt zal liggen op de archeologische terreinen van Ialyssos en Kamiros, of ergens anders waar het naar uw idee het meest interessant is. Tevens bestaat de mogelijkheid langs de oostkust van het eiland terug te keren. Het staat vast dat in dat geval u niet genoeg zult hebben aan één of twee dagen om al deze schoon heid goed te bekijken.

Tijdens deze ontdekkingstocht zult u hetkustgbied van Ixia en Ialyssos passeren met het archeologische terrein van Ialyssos (de oudste georga-niseerde nederzetting van het eiland 1500 v. Chr.) en u zult sprakeloos blijven bij de aanblik van de miljoenen vlinders in hun schitterende Vlindervallei. Vervolgens komt u langs het schilderachtige dorp Tholos en gaat zuidwaarts naar het Antieke Kamiros. De weg vervolgend, gaat u landinwaarts en krijgt u de gelegenheid kennis te maken met de andere kant van Rhodos, het binnenland en het zuidelijke deel, met de welverzorgde akkers, de in het groen verscholen kastelen van Castello en Monolithos met zijn unieke uitzicht.

Kritika - Ixia

Met de stad Rhodos als uitgangspunt gaan we in westelijke richting en komen links bij een kleine nederzetting met identieke huizen. Dat is ***Kritika****, dat zijn naam te danken heeft aan de eerste inwoners die in 1898 uit Kreta hierheen kwamen. Rechts van ons strekt zich de baai van Trianda uit. Hier is dankzij de "meltemia" (noordoostelijke bries) in de warme maanden juli en augustus de atmosfeer zeer verkwikkend en aangenaam.*
Het brede strand van de baai is ongeveer 8 km lang en bestaat uit zand en grote witte kiezels. Langs het strand, bekend als ***Ixia****, zijn vele restaurants, winkels, nachtclubs en luxe hotelcomplexen en het gebied is een grote toeristische trekpleister.*

Boven: Het dorp Kritika.
Onder en volgende blz: De drukbezochte kust bij Ixia aan de wijde baai van Ialyssos (Trianda).

Ixia.

Trianda

*Aan het einde van de baai ligt het dorp **Trianda**, op dezelfde plek waar in de oudheid de Dorische stad **Ialyssos** lag. Trianda heeft ondanks het feit dat het gebied door vele toeristen bezocht wordt zijn couleur locale van Rodhenzisch boerendorp behouden. Op het plein staat de Kimisis tis Theotokou-kerk uit de 17de eeuw met een schitterende iconostaas van houtsnijwerk uit 1810 en een indrukwekkende klokketoren. Vlakbij staat het Agios Nikolaos-kerkje met prachtige fresco's uit de 15de eeuw. In de gehele omgeving van Ialyssos verspreid staan bolwerken uit de Riddertijd en Neoklassieke landhuizen. In de eerste helft van augustus organiseert de gemeente het "Ialyssia-festival", waar men kan genieten van volksdansen en -muziek van lokale groepen, toneelvoorstellingen en in scène gezette oude volksgebruiken.*

Boven Trianda (Ialyssos), de Filerimos-heuvel met een uniek uitzicht.

Ialyssos en Filerimos

Tussen het dorp Trianda en de Filerimos-heuvel hebben archeologen in 1876 de necropolis ("dodenstad") van Ialyssos aangetroffen. Hier bevindt zich de oudste georganiseerde nederzetting van het eiland (1550-1400 v. Chr.). De meeste vondsten bevinden zich thans in het British Museum en het Louvre, en slechts weinige in het Museum van Rhodos. De meest waardevolle vondsten waren voornamelijk sieraden en dateren uit de 5de eeuw v. Chr., hetgeen erop duidt dat dat de Gouden eeuw van de stad was. In de Oude Griekse wereld stond Ialyssos bekend om de atletiek-prestaties van de familie Eratides en dan vooral van Diagoras, die drie maal de Olympische boxwedstrijden won. Toen hij in 464 v. Chr. voor de derde maal won droeg Pindarus de 7de Olympionike aan hem op. Na de stichting van de stad Rhodos in 408 v. Chr. verhuisden vele inwoners van Ialyssos daarheen, met als gevolg dat die stad in belangrijkheid afnam.

Als u in Trianda linksaf slaat komt u na een klim van 5 km door een dicht pijnbomenbos bij de top van de Filerimos-heuvel (267 m hoog). Het uitzicht vanaf de Filerimos-heuvel is verrassend. In noordelijke richting ligt de baai van Ialyssos met zijn grote hotels, en naar het westen toe de dorpen Kremasti en Paradissi. In het zuiden kunt u de dorpen Pastida en Maritsa zien liggen, naast het oude vliegveld en wat verder weg de dichtbegroeide Profitis Ilias-berg en de naakte top van de Ataviros-berg. Hier boven was de Acropolis (bovenstad) van Ialyssos, die in de Riddertijd en de Byzantijnse tijd gebruikt werd voor strategische doeleinden. In 1248, toen de Genuanen Rhodos innamen, belegerden zij hier de Byzantijnen. Het was ook de eerste plaats die de Ridders innamen toen die zich in 1306 op Rhodos kwamen vestigen. Hier sloeg Souleiman de Grote zijn hoofdkwartier op tijdens de grote aanval in 1522.

En tijdens de Tweede Wereldoorlog hadden de Italianen hier hun artillerie-eenheden.

Het uitgestrekte strand van Ialyssos aan de gelijknamige baai.

Als we het archeologisch terrein betreden zien we voor ons de **Agora** (markt) en een tempel gewijd aan een onbekende god. Ten noordwesten van de tempel bevinden zich de ruïnes van een **Dorische tempel** uit de 3de eeuw v. Chr. waarvan twee zuilen heropgericht zijn. Naast deze tempel is een bijna vierkant **plein** met drie traptreden. Misschien was dit de plek waar de gelovigen zaten terwijl zij de rituele handelingen van de priesters volgden vóór de tempel. Op het zuidelijke deel van het plein zijn restanten van een **waterreservoir** dat in de behoeften van de Agora voorzag. In het Oude Griekenland vormde de Agora (markt) zowel een centrum van handel als van cultureel en sociaal leven in een stad. Vóór de Agora is een rij heropgerichte zuilen.

Als we in de richting van de trap lopen die naar de hoofdstraat van de stad leidt, zien we links van ons een **podium** in de vorm van een halve cirkel, wellicht gebruikt voor lezingen of aankondigingen.

Achter dit podium bevindt zich een rechthoekige ommuurde ruimte waar de altaren voor de goden stonden en de offers plaatsvonden.

Aan het noordelijke uiteinde van de hoofdstraat die de stad in tweeën deelde, zijn de overblijfselen van de **openbare baden**, aangelegd in Romeinse bouwstijl. Naast de baden is een waterreservoir. Bij het naar boven gaan zien we links en rechts particuliere woonhuizen. Het terrein wordt steeds steiler als we de Acropolisheuvel naderen. De **Acropolis** besloeg een driehoekig vlak terrein op de top (120 m) van de heuvel. Bijna de gehele noordzijde werd in beslag genomen door de **Grote Stoa**, gesteund door twee rijen Dorische zuilen. Erachter bevindt zich een rij zalen. De Grote Stoa werd gebouwd in de 3de eeuw, bovenop een enorm reservoir dat in de 6de eeuw uitgegraven werd in de zachte Acropolis-rots. Dit reservoir kon 600 kubieke meter water bevatten dat van de daken van de Acropolis-gebouwen afliep. Het water bereikte de stad via een uitgebreid net van leidingen.

Het archeologisch terrein van Kamiros met op de achtergrond het strand, geschikt om te zwemmen.

Achter de stoa stond een Athena-tempel, gebouwd aan het einde van de 3de eeuw, op de plaats van een oudere tempel die bij de aardbeving van 226 v. Chr. verwoest werd. De Acropolis biedt een schitterend uitzicht over de stad, de kleinere eilanden en de kust van Klein Azië.

Gedeelte van de Acropolis van het Antieke Kamiros.

Skala Kamiros

Skala Kamiros ligt 16 km in noordwestelijke richting en was waarschijnlijk de toevoerhaven van de omgeving van Kamiros. Het is nu een mooi vissersplaatsje. Elke ochtend vertrekt hier vandaan een kaik die u in anderhalf uur naar het naburige kleine **eilandje Chalki** brengt.

Het haventje van Skala Kamiros.

Het Middeleeuws-Byzantijnse kasteel van Castellos.

Castellos - Kritinia - Ataviros

De weg loopt in zuidelijke richting omlaag via een dicht begroeide heuvel. Een weg naar rechts leidt naar het middeleeuwse **Kasteel van Castellos**, *dat door de Ridders gebouwd werd in het begin van de 16de eeuw, ter bescherming van de westkust van het eiland. Het kasteel is in Byzantijnse en Middeleeuwse bouwstijl opgetrokken. Binnen de muren bevinden zich de overblijfselen van een katholieke kerk, gewijd aan Agios Pavlos. Als we via de hoofdweg omhoog gaan passeren we een schitterende plek met een panoramisch uitzicht over de eilandjes* **Chalki, Alymia, Makri, Strongyli** *en* **Tragoussa**. *Vijf km van Skala Kamiros ligt tegen de helling van de heuvel het dorp* **Kritinia**. *Het heeft zijn naam te danken aan de eerste inwoners die van Kreta (Gr.: Kriti) afkomstig waren. Bij het bereiken van het dorp zien we voor ons de* **Ataviros** *oprijzen, de hoogste berg van Rhodos (1.215 m). Volgens de mythologie is Kritinia gesticht door Althamenes, kleinzoon van koning Minas van Kreta, nadat die zich op Rhodos gevestigd had. Daar hij heimwee had naar zijn vaderland bouwde hij op de top van de berg een tempel ter ere van Dias (Zeus) Ataviros om vandaar uit in de verte Kreta te kunnen zien. De heuvel is aan alle zijden dicht beplant met pijnbomen en wijnranken, terwijl de top naakt is. Aanvankelijk lag de nederzetting aan de kust op de plek van Skala Kamiros, maar na de Byzantijnse tijd werd hij naar een hoger gelegen plek overgebracht om beter tegen piratenaanvallen beschermd te zijn. Het dorp stond vanaf toen onder bescherming van het Kasteel. In het dorp is een Folkloristisch Museum. Vijf km na Kritinia splitst de weg zich. De linker tak leidt na 6 km naar het dorp Embonia (blz. 144), terwijl de weg rechtdoor verder gaat naar het zuiden van Rhodos.*

Akramitis - Sianna

Als we de hoofdweg in zuidelijke richting verder volgen, komen we na een tocht van 9 km door pijnbomenbossen en met een panoramisch uitzicht over de westkust van het eiland en de naburige eilandjes, bij het kleine dorpje **Sianna** *dat in de uitlopers v an het Akramitis-gebergte ligt, de tweede hoogste berg van Rhodos (825 km). Sianna, midden in een dicht bos gelegen, produceert een uitstekende kwaliteit honing en "souma", een soort ouzo die gestookt wordt uit druiven. Een onvergetelijke plek voor diegenen die een rustige vakantie prefereren, en een uitstekend uitgangspunt voor wandelingen en ontdekkingstochtjes in een natuurlijke omgeving, bijna onaangeraakt door de ontwikkelingen van de moderne tijd.*

Monolithos - Apolakia - Klooster Skiadi

Vijf km vanaf Sianna ligt het dorp **Monolithos**, *eveneens in de uitlopers van het Akramitis-gebergte, tegenover Karpathos, terwijl het aan de andere kant naar het Ataviros-gebergte uitkijkt en het binnenland van het eiland. Het dorp combineert een dicht begroeid gebergte met een schone zee, archeologische terreinen en Byzantijns klooster met iconen. De gastvrije inwoners serveren simpele lokale produkten. Als we een weg richting zee volgen, zien we na 1 km het Middeleeuwse* **Monolithos-Kasteel**, *gebou wd op de top van een rots (Monolithos = alleenstaande steen) op een schitterende plek. Van hieruit kan men genieten van een unieke zonsondergang en een schitterend uitzicht over het binnenland van het eiland. Binnen het kasteel staat een kerkje dat gewijd is aan de Heilige Pandeleïmonas, waarschijnlijk gebouwd in de 15de eeuw. De weg richting zee splitst zich na 1 km in tweeën: de rechter weg gaat naar het* **Agios Georgios-klooster** *en de linker naar het strand van* **Fourni**, *waar een vredige combinatie van pijnbomenbos en zandstrand met azuurblauw water te vinden is.*

Vanuit het dorp Monolithos loopt de weg door naar de verder zuidelijk gelegen dorpen. Na 10 km komen we bij **Apolakia**. *Na nog 17 km bij* **Katavia**. *De weg, vlak langs de kust lopend, passeert velden met graan, watermeloenen en meloenen en ook lage zandheuvels.*

Vijf km na Apolakia kunt u afslaan en de weg omhoog volgen temidden van een mooi pijnbomenbos die u na 4 km bij het **Skiadi-klooster** *brengt. Het klooster dateert uit de 18de eeuw en kijkt uit over de kust.*

Het Middeleeuwse kasteel van Monolithos, gebouwd op een indrukwekkende plek.

11

TOCHTJES BINNENLAND

Kalavarda - Salakos - Apollonas - Dimylia- Embonas - Agios Isidoros - Istrios

Rhodos is niet alleen maar de oude stad, de mooie en druk bezochte kust, de rustige stranden, de dorpen aan zee en de historische monumenten, het is ook het binnenland van het eiland met de rijke natuurlijke schoonheid, de dichtbegroeide berghellingen en de mooie dorpjes, gastvrij en onaangetast door de toeristen stroom die het eiland overweldigd heeft. Bij deze tocht zullen we kennis maken met vele van de 44 over het gehele eiland verspreid liggende dorpen en de echte gastvrijheid leren kennen van hun inwoners, hun traditioneel bereide voedsel proeven en genieten van het gezonde klimaat in combinatie met het uniekelandschap. Een interessante tocht die we zullen maken vanuit het dorp Kalavarda aan de westkust naar het aan de oostkant gelegen Kolymbia, voert ons langs boverend mooie plekjes en schilderachtige dorpjes. Behalve deze hoofdtocht kunt u nog tochtjes maken door zÿwegen te nemen. Vanuit het dorp Archipoli is een afslag die het noordelijke deel vanhet eilan doorsnijdt enuitkomt bij Ialyssos en de stad Rhodos. De andere route volgt de weg die na het dorp Salakos naar het zmiden nafbuigt om het Ataviros ge-bergte heen en het centraal zuidelijk gelegen deel van het eiland doorsnijdt. Hier kunnen we kennismaken met de echte Rhodenzers,met hun traditionele kleder drachten en hun spontane uitlatingen. In het traditionele dorp Embonas, dat bekend staat om zijn geheel eigen karakter en zijn uitstekende wijn, worden tijdens de zomermaanden folkloristische feesten georganiseerd waaraan ook de bezoekers deelnemen. De tocht die door al deze in het binnenland gelegen dorpen leidt kan niet precies in kilometers uitgedrukt worden, omdat de wegen daar zich voortdurend splitsen en het uitsluitend van de stemming en de ondernemingslust van de reiziger afhangt hoe ver hij in het binnenland wil doordringen en wil genieten van de schoonheid van het landschap en de rust die hier zo gul geboden wordt.

Salakos - Profitis Ilias

We nemen de weg langs de westkust tot het dorp Kalavarda (30 km). Acht kilometer verder zuidelijk ligt in de uitlopers van het Profitis Ilias-gebergte het dorp ***Salakos****, met overdadig stromend water en een rijke plantengroei. Het water van de "Nimf"-bron voorziet de stad Rhodos van leidingwater. Even voor deze bron is een voetpad dat na ongeveer 20 min lopen naar de top van de* ***Profitis Ilias*** *leidt. De berg is dicht bebost met dichte cypressen en pijnbomen. Op de eerste hoogvlakte die we tegenkomen staat het kerkje van Archangelos Michael, en op de tweede het kerkje van de Profeet Elias op de top van de berg (798 m). Hier zijn twee hotels in traditionele stijl, gebouwd door de Italianen: "Elafos" en "Elafina" die overigens de laatste jaren niet meer in bedrijf zijn. U kunt echter wel een stop maken om van het uitzicht te genieten.*

Onder: Overzicht van het dorp Salakos met rijkelijk stromend water.

Volgende blz.: Het Profitis Ilias-kerkje.
Onder: Het traditionele hotel op de top van de berg, met een fantastisch uitzicht.

Apollonas - Eleoussa - Dimylia

De weg vanauit Salakos gaat verder naar het zuiden en na 6 km komt u bij een kruising. Via de weg links kunt u met de auto tot op de top van de Profeet Iliasberg komen die we reeds beschreven. Even verder op de hoofdweg is een afslag naar rechts naar Embona.

De weg door de dorpen in het binnenland confronteert ons met tafereeltjes uit het dagelijks leven van de bevolking.

Als we de weg nu afdalen in oostelijke richting, komen we door een dicht pijnbomenbos, een ideaal oord voor de herten van Rhodos.
In het dorp **Apollonas** zijn relieken aangetroffen uit de tempel van Apollo die hier aanbeden werd. De vele platanen in de streek hebben hun naam gegeven aan het dorpje **Platania.** De weg naar het noorden komt uit bij het gehucht **Eleoussa** dat tot de gemeente **Dimylia** behoort, een dorp verdronken in het groen, 2 km verder naar het noorden.
In Eleoussa staat de Agios Charalambos-kerk (vroeger katholiek) en het **Agia Eleoussa-klooster.**

Fountoukli - Archipoli

Twee kilometer na Eleoussa staat op een plek met de naam **Fountoukli** het Byzantijnse kerkje van Agios Nikolaos. Een stenen kerk met vier gewelven, daterend uit de 13de eeuw, met unieke Byzantijnse fresco's uit de 14de eeuw. Hier kunt u genieten van het uitzicht en uw dorst lessen met het frisse water uit een bron net buiten de kerk.
Na het schilderachtige dorpje Eleoussa gaat de weg verder oostwaarts naar **Archipoli.** Een bergdorp met rijkelijk stromend water en vruchtbare grond. De inwoners houden zich voornamelijk bezig met landbouw en veeteelt en in geringere mate met het toerisme. De weg gaat verder naar het oosten naar het **Agios Nekatarios-klooster**, dat op een schitterende dicht begroeide plek staat, met rijkelijk stromend water. Hier niet ver vandaan zijn Epta Piges "zeven bronnen" en Kolymbia aan de oostkust.

Psinthos - Maritsa

Vanuit Archipoli gaat de weg naar het noorden naar het dorp Psinthos. Daar is een kruispunt: als we naar links gaan komen we bij de Vlindervallei en als we rechtsaf slaan komen we bij de omgeving van Afantou en het dorp Kalythies aan de oostkust. De derde weg volgend, naar het noorden, komen we na ongeveer 8 km bij het dorp **Maritsa.** In die streek zijn vele kapelletjes met fresco's in verschillende stijlen en twee windmolens die tot behoudenswaardige monumenten zijn verklaard. Midden in het dorp met de oude huizen domineert de klokkentoren van de Taxiarchon-kerk. De stad Rhodos ligt 17 m van Maritsa vandaan.
Om kennis te maken met het zuidelijk-centrale deel van Rhodos, beginnen we in het traditionele dorp Embonas en volgen de weg naar het zuiden vanuit Salakos of naar het oosten na Kritinia aan de westkust.

Boven: Het Byzantijnse Agios Nikolaos-kerkje, bij Fountoukli.

Onder: Festiviteiten in de omgeving van Maritsa.

Embonas - Agios Isidoros

Embonas, dat kant van de berg betekent, ligt in de uitlopers van het Atavyros-gebergte. Het is een groot dorp met vele wijngaarden en is bekend om de goede kwaliteit van zijn wijnen. Hier zijn wijnkelders, aardig wat tavernes en souvenirwinkels. Een dorp met sterk traditioneel karakter, waar men nog dorpelingen in traditionele klederdracht ontmoet. In de zomermaanden vinden evenementen plaats met volksdansen waaraan ook de toeristen deelnemen. Ten zuiden van Embonas is de weg verzonken tussen het groen en loopt om de Atavyros heen, om na ongeveer 12 km bij Agios Isidoros aan te komen, een bergdorp dat op 65 km van de stad ligt. **Agios Isidoros**, op 532 m hoogte gelegen tegen de oostelijke helling van de Atavyros, is onaangetast gebleven door het toerisme en houdt nog zeer levendig alle tradities in ere en dan vooral die, die met de viering van het Paasfeest te maken hebben. De bezoekers genieten hier van het gezonde klimaat, de gastvrijheid van de inwoners en de lokale produkten zoals wijn, honing, "souma" (soort ouzo) en olijfolie. Vanuit het dorp loopt een smal pad dat na ongeveer lopen naar de top van de **Atavyros** (1.215 m) leidt. Hier staat een verlaten kerkje dat aan Agios Ioannis (de heilige Johannes) gewijd is.

Laerma - Istrios

Na Agios Isidoros ligt het dorp **Laerma**, waarvan de naam is afgeleid van "Laos tou Ermi" ("volk van Hermes"), die hier in de Oudheid vereerd werd. Meer naar het zuiden ligt op een hoogvlakte (280 m) en op 85 km van de stad, het dorp **Istrios**. De omgeving heeft een verfrissend klimaat en is een natuurlijke broedplaats-schuiloord van patrijs, haas en ree. Midden in het dorp staat de grote Agios Nektarios-kerk, met een iconostaas van houtsnijwerk, een vloer in kiezel-mozaïek en een icoon van de Heilige Nektarios vervaardigd door een Kretenzer kunstenaar. Hier kan men genieten van uitbundig groen, de rust, het stromende water en de zonsondergang boven de bergen van Karpathos. Vanuit Istrios kunnen we langs de oostkust terugkeren naar de stad, via Gennadi, of langs de westkust via Apolakia.

12

PLEZIERIG VERBLIJF

Sport - Inkopen en eten - Nachtleven
Uitstapjes naar de naburige eilandjes
Chalki - Symi - Tilos

Het levendige en dus aantrekkelijke eiland Rhodos heeft eindeloze mogelijkheden te bieden voor elke bezoeker, of die nu de rustige natuur en sport prefereert, of een echte liefhebber is van uitgaan en een bruisend nachtleven. Het eiland is altijd klaar om u welkom te heten en u zijn prachtige natuur te onthullen zowel als de supermoderne toeristische infrastructuur. Daarom bezet Rhodos wereldwijd een van de eerste plaatsen als (zomer)vakantieoord. Men komt van alle geografische lengtes en breedtes in groten getale hier naartoe om te genieten van de gouden zon, de azuurblauwe zee, de historische en Middeleeuwse monumenten zowel als van de gastvrijheid van de inwoners.

Dit uiterst fraaie hoekje van de Middellandse Zee heeft vele eigenschappen die garant staan voor een fijne vakantie, voor iedere bezoeker.

Op de volgende bladzijden vindt u nuttige informatie over al hetgene wat u interesseert rond sport en athletiekfaciliteiten, inkopen doen, lekker eten en het nachtleven. Ook over de uitstapjes die u kunt maken naar de eilandjes in de direkte omgeving van Rhodos, zoals het mooie Chalki dat de laatste jaren tot een internationaal bekend jeugd-ontmoetingscentrum is geworden, het schilderachtige Symi met de betoverend mooie baaien en de traditionele architectuur en het rustige Tilos met de schone zandstranden en de eenvoudige warmhartig gastvrije inwoners. Tenslotte vindt u informatie over telefoonnummers en over hoe u Rhodos kunt bereiken.

Sport

Zwemmen

Een van de meest populaire sporten op Rhodos. Er is altijd een mogelijkheid tot kiezen voor een zandstrand of een rotsstrand, rustig water of hoge golven, druk bezochte stranden of juist rustige kustgebieden. U kunt ook zwemmen in de zwembaden van de grote hotels.

Waterskiën

U kunt boten en tevens de gehele benodigde uitrusting huren aan alle bekende stranden van het eiland.

Windsurfing

Surfplanken zijn per uur te huur aan alle bekende stranden van Rhodos, en zelfs in de stad. De oostkust is geschikt voor beginners, terwijl de golven aan de westkust een uitdaging vormen voor de meer bedreven windsurfers.

Zeilen

De weersomstandigheden op Rhodos zijn van april tot oktober ideaal voor deze sport.
Bij de Jachtclub van Mandraki worden zeilboten van verschillende groottes en motorboten verhuurd.

Onderwatersport

Het vissen met harpoengeweren heeft vele fans op Rhodos en is toegestaan aan iedereen die ouder is dan 18 jaar.

Tennis

In de stad is de Rhodos Tennis Club, vlakbij het strand van de Jachtclub. Tevens beschikken vele grote hotels over een eigen tennisbaan.

Golf

In het dorp Afantou, 19 km van de stad vandaan, is een groot golfterrein. Het beschikt over kleedruimtes, een kantine en bar-restaurant en tevens over winkels met golf-benodigdheden.

Inkopen

Er is wellicht op de hele wereld geen stad ter grootte van Rhodos die zoveel winkels heeft. De grootste sortering bestaat in bont en lederwaren, keramiek, kleding, handwerkprodukten en vloerkleden.
De ontwikkeling van het toerisme op Rhodos heeft een groot aantal bontwerkers naar de stad getrokken. Zij beschikken over hun eigen werkplaatsen waar u een bontmantel of leren jas naar uw eigen keuze kunt bestellen, die dan in enkele dagen gereed is.
De stad beschikt tevens over vele boutiques en kledingmagazijnen waar de toerist creaties van bekende modehuizen kan vinden tegen redelijke prijzen. Rhodos heeft sinds 1948 een eigen douanekantoor.

De inwoners van Rhodos staan bekend om hun zilversmeedkunst, keramiek, handgeweven kleden en handwerkprodukten. Voor de geïnteresseerden vermelden we even dat de keramiekateliers langs de wegen naar Lindos en Kamiros te bezichtigen zijn. Bij de lokale werkplaatsen in de dorpen Afantou en Archangelos kunt u kleden van hoge kwaliteit bestellen. In de winkels van Rhodos kunt u tevens een grote sortering vinden aan tassen, rugzakken, truien en andere artikelen met voorstellingen van het eiland, als souvenir aan uw vakantie op het eiland.

Inkopen doen bij de vele winkeltjes in Rhodos is een plezierig tijdverdrijf.

Lekker eten

Het lekkere eten en de uitstekende drankjes maken deel uit van de vele prettige dingen van uw vakantie op Rhodos. De keuken van Rhodos is een combinatie van Griekse fantasie en Europese en Oosterse smaak. Het oude stadsgedeelte van Rhodos is vol van tavernes die uitsluitend vis en zeebanket serveren. Tavernes die vlees op het menu hebben zijn gewoonlijk te vinden in de buitenwijken en de nabije dorpen. De restaurants beschikken behalve over de Griekse ook over een internationaal georiënteerde keuken. In de stad Rhodos zijn Chinese, Deense en Cypriotische restaurants te vinden terwijl diegenen die een meer romantische omgeving prefereren terecht kunnen bij een van die Middeleeuwse gebouwen in de Oude Stad die zijn omgetoverd tot luxe restaurants, voor een diner bij kaarslicht. Dan is er nog het drijvende restaurant van Mandraki, met het kasteel van de Ridders als decor, dat 's zomers verlicht is. De vriendelijke en warme atmosfeer gaat vaak gepaard met zang en dans. U kunt ook nog genieten van een grote verscheidenheid aan beroemde wijnen die gebotteld worden door de wijnproducenten van het eiland. Op Rhodos kunt u ook vele banketbakkerijen vinden die Griekse en Europese lekkernijen serveren, ijs, koffie en drank. Tevens kunt u een partijtje "tavli" (een soort triktrak) spelen of een kaartje leggen in de koffiehuizen van het eiland.
Hier worden behalve koffie ook ouzo, wijn en borrelhapjes geserveerd.

De Oude Stad bezit enkele van de mooiste traditionele koffiehuizen.

Nachtleven

Behalve de historische monumenten en de schitterende stranden heeft Rhodos voor elke bezoeker een bruisend nachtleven te bieden.
De levendige atmosfeer op Rhodos is op zijn hoogtepunt in de nachtelijke uurtjes. Vanaf het moment dat de ondergaande zon zijn schitterende kleuren rondstrooit wordt Rhodos als een gedicht.
Er zijn vele nachtclubs met Griekse muziek. In de stad zijn vele dancings met Griekse en buitenlandse muziek. De muziek is gewoonlijk levend en bij het programma zijn vaak ook volksdansen inbegrepen. Voor de jeugd zijn er disco's, in en buiten de stad.
U kunt ook volksdansvoorstellingen bijwonen in het openluchttheater in de Oude Stad, Antieke tragedies en comedies in het Antieke Stadion en concerten van klassieke muziek zowel als concerten van hedendaagse Griekse componisten die gegeven worden in het Nationale Theater.
De voostellingen "Licht en Geluid" in de prachtig groene tuin van het Ridderpaleis presenteren de bevrijding van Rhodos van de Turken door middel van een schitterende combinatie van woord, muziek en licht. De voorstellingen vinden elke avond plaats, beurtelings in het Grieks, Engels, Duits, Zweeds en Frans.
In de stad zijn ook vele bioscopen.
Ook kunt u een bezoek brengen aan het Casino dat gehuisvest is in het Grand Hotel. Het beschikt over roulette, black jack en chemin de fer zowel als over elektronische kansspelen. De toegang is toegestaan aan een ieder ouder dan 21 jaar. Legitimatie met persoonsbewijs of paspoort.

Rhodos heeft een bruisend nachtleven te bieden.

ΣΥΜΗ Ι

LINDOS
COLOSSUS

Uitstapjes naar de naburige eilandjes

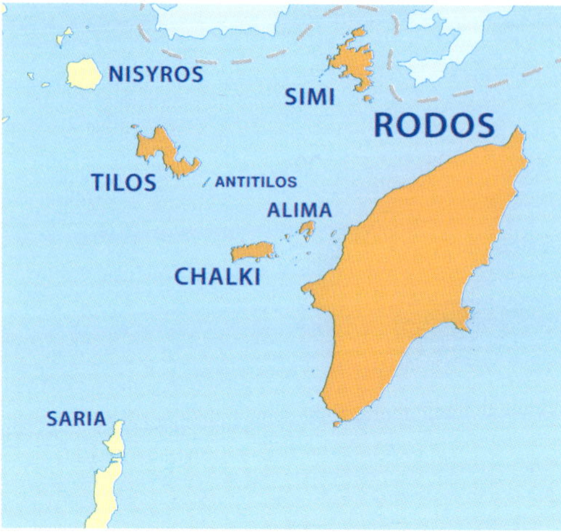

De kleine eilandjes rondom Rhodos vormen een aangename afwisseling na het drukke en cosmopolitische leven van het eiland. Daar is de voornaamste bron van inkomsten de zee, de eenvoudige en ontspannen levensstijl is in de laatste tientallen jaren bijna niet veranderd.
Als u besluit op onderzoek uit te gaan, kunt u eenvoudigweg naar de haven gaan en één van de kaiks of boten nemen die van daaruit vertrekken.
Het dichtstbijzijnde eilandje is **Alimia**, tegenover de westkust bij Skala Kamiros gelegen. Vanuit Skala Kamiros worden dagelijks excursies georganiseerd, de reisduur is ongeveer 30 minuten. Boven de kleine met pijnbomen begroeide baai met kiezelstrand staan de kerkjes van Agios Minas en Agios Georgios. Op het eilandje is een Middeleeuws Kasteel van de Ridders van Rhodos. Aan dezelfde kant ligt **Chalki** dat uitgeroepen is tot eiland van Vrede en Vriendschap tussen jongeren van de gehele wereld. Om die reden zijn er door de overheid herbergen gebouwd. Rondom liggen onbewoonde eilandjes van een zeldzame schoonheid.
Ten noordwesten ligt **Symi**, met een ruige zeebodem en een rijke mythische traditie, een indrukwekkende stijl van huizenbouw, een kasteel, kleine musea en kloosters. Met dat alles zal dit eiland een diepe indruk op u maken.
Tenslotte ligt nog verder naar het westen **Tilos**, tussen Symi en Chalki. Het zal u aangenaam verrassen met zijn schone stranden en de warme gastvrijheid van de inwoners.

Chalki

Chalki ligt ten westen van Rhodos, 35 zeemijlen van de haven verwijderd en van Skala Kamiros slechts 10 zeemijlen. Het is een van de kleinste eilanden van de Dodekanesos met een oppervlakte van slechts 28 km^2 en een kustlengte van 34 km. Chalki is een fraai eiland, primitief, met schone zandstranden, kristalhelder zeewater en weinig bezocht, ondanks het feit dat het het dichtst bij het lawaaiige Rhodos gelegen eiland is. Met een bergachtig oppervlak, rotsachtig, ontvangt het de bezoekers die 's zomers vanuit Rhodos hier naartoe komen. De naam Chalki is afkomstig van de kopermijnen (Gr.: chalkos = koper) die dit eiland vroeger had.
***Nimporio**. Dit is de "hoofdstad" van het eiland, gelegen aan de oostkust, in een baai die voor de wind beschut ligt door een klein eilandje voor de ingang ervan. Het stadje is amfitheatergewijs gebouwd tegen de hellingen van de omringende heuvels. Het ziet eruit als een rustige grote stad. Rustig, omdat de meeste huizen verlaten zijn. Beneden aan de haven staat de **Agios Nikolaos-kerk** die met zijn fraaie klokketoren een bezoekje waard is. Vlakbij is het mooie **Pontamos**-(zand)strand. Hetzelfde geldt voor het strand van **Ftenagia** terwijl een derde strand zich op het eilandje **Alimia bevindt**. Een betonweg brengt u na 2,5 km naar **Palio Chorio**. Het gaat hier om de vroegere, nu verlaten hoofdstad van het eiland, gelegen in de uitlopers van een indrukwekkend rotsgebergte. Op de top van deze heuvel zijn nog de muren te zien van een **Venetiaans kasteel**. Binnen de muren ervan staat een kerkje gewijd aan Agios Nikolaos, met fresco's.*
*De weg gaat verder in westelijke richting en kom na 3,5 km bij het **Agios Ioannis-klooster**.*

Gialos met de haven en Ano Symi.

Symi

Symi ligt ten noordwesten van Rhodos, op een afstand van 21 km. De oppervlakte bedraagt 58 km^2 en de kustlijn is 85 km lang. Op Symi kunt u zelfs in mei of in oktober genieten van de zee, want dankzij het milde klimaat en de vele uren zonneschijn duurt de zomer op het eiland heel lang. De mythologie maakt melding van god Glaucus, die Symi, de dochter van de koning van Ialyssos op Rhodos schaakte en haar naar het eiland bracht, dat hij tevens naar haar vernoemde. Symi is een van de mooiste eilanden van de Dodekanesos, met bergen die steil uit de zee oprijzen en fantastische baaien vormen. In een van die baaien ligt Ano Symi of Chorio, zoals de lokale bevolking zegt. Het klimt tegen de heuvels op die links en rechts van de haven oprijzen en rijkt tot aan de top van één van die heuvels, op die manier een heuse stad vormend. U zult onder de indruk zijn van de schoonheid ervan met de traditionele archtitectuur, de neoklassieke huizen, de met keitjes geplaveide binnenplaatsen, allemaal daterend uit de 19de eeuw.
In het begin van de 20ste eeuw had Symi 30.000 inwoners en was de hoofdstad van de Dodekanesos. Tevens was het de grootste sponzenvisserij-haven ter wereld.
***Ano Symi ("Boven Symi") of Chorio.** De hoofdstad van het eiland is indrukwekkend, zoals u haar daar voor u ziet liggen bij het binnenkomen van de haven. De huizen beginnen vanaf **Kato Poli** ("Beneden Stad", **Gialo**, met de veilige haven) en klimmen op tot aan de top van de heuvel met het **Kasteel** en de **Megali Panagia**-kerk.*
*U klimt omhoog vanaf het plein met de naam Platia tis Skalas ("plein met de trap") en volgt de "**Kali Strata**" ("Goede Weg") met zijn 500 brede traptreden. Rechts en links staan mooie oude huizen met neoklassieke elementen.*

*Een weg die begint in Chorio en verdergaat naar het zuiden, doorsnijdt een klein bos van wilde cypressen en biedt ons een fantastisch uitzicht vanuit de hoogte. Hij komt uit bij het bekende **Panormitis-klooster**, aan de zuidpunt van het eiland. Het is het belangrijkste klooster van het eiland en het tweede van de gehele Dodekanesos na dat van Agios Ioannis (de Heilige Johannes) op Patmos. Het is gewijd aan de **Aartsengel Michael** en heeft in zijn katholikon een ikoon van de Heilige. Het viert zijn naamdag op 8 november.*
***Pedi**. Een kustdorpje, 2 km ten oosten van Ano Symi, met een zandstrand.*
***Emporios**. Haventje, het tweede van Symi, ten westen van Chorio.*

Uitstapjes per kaik

's Zomers vertrekken vanuit Gialo kaiks met als bestemming de schitterende stranden van het eiland, en voeren de volgende dagelijkse dienstregeling uit:
***Agios Emilianos**. Zeer fraai strand. Een eilandje met een kerk. Een met stenen geplaveid pad verbindt het vasteland met het eilandje.*
***Agios Vassilios**. Een van de mooiste stranden.*
***Agia Marina**. Een mooi, rotsachtig eilandje vlakbij Gialos.*
***Agios Georgios Disalonas**. Wellicht het meest indrukwekkende strand, daar er vlak achter een steile rots van 300 m hoog oprijst.*

Tilos

*Tussen Nisiros en Chalki ligt Tilos, met een oppervlakte van 63 km^2 en een kustlijn van 63 km lang. De bodem is stenig met als enige uitzondering een kleine vruchtbare vlakte, ongeveer in het midden van het eiland, die uitloopt op het mooie zandstrand van **Erystos**.*
U kunt Tilos bereiken per veerboot vanuit Rhodos.
***Livadia**. Dit is de haven van Tilos, aan een baai met kiezels en helder water. Het is een dorp met weinig inwoners, dat behalve een groot gebouw dat neergezet is door de Italianen, de karakteristieke lokale bouwstijl heeft behouden. Ten nw van Livadia ligt het verlaten **Mikro Chorio** met interessante kerken.*
***Megalo Chorio**. De indrukwekkende "hoofdstad" van Tilos, gebouwd aan de voet van een rotsachtige heuvel met een kasteel op de top. Tot aan de 18de eeuw lag het dorp binnen de kasteelmuren. Daar, op de fundamenten van een Antieke tempel, was ook de oude **Taxiarchis-kerk** gebouwd.*
*In het kleine museum van het dorp kunt u onder andere de beenderen van de dwergolifant uit de **Charkadi-grot** bewonderen. 2 km ten nw van het mooie **Erystos**-zandstrand is het kleine Agios Antonius-haventje te vinden. Dan volgt het fraaie Plaka- zandstrand en tenslotte komt de weg uit bij het **Agios Pandeleïmonas**-klooster. In een smalle groene vallei met een bron en een fantastisch uitzicht over de zee is een klooster gebouwd, gewijd aan deze beschermheilige van het eiland. Het staat 13 km ten noorden van Livadia, is gesticht in de 15de eeuw en heeft fresco's uit 1776 en een mooie met keitjes geplaveide binnenplaats. Het viert zijn naamdag op 27 juli.*

Het fraaie Panormitis-klooster op de zuidpunt van Symi, te bereiken per kaik vanuit Gialos.

Hoe kunt u Rhodos bereiken
Binnenlands vervoer
Per vliegtuig

U kunt Rhodos bereiken per vliegtuig van Olympic Airways vanaf het Vliegveld van Athene "Eleftherios Venizelos", tel. (+30) 210 3530000. De vlucht duurt ongeveer 50 min. Rhodos is ook per vliegtuig te bereiken vanaf de eilanden Kreta en Santorini. Olympic Airways Athene, tel. (+30) 210 9269111. Het internationale vliegveld van Rhodos is een van de beste van Griekenland. Het ligt 15 km buiten de stad aan de westkust van het eiland, naast het dorp Paradissi. Olympic Airways Rhodos, tel. (+30) 22410 83400, Vliegveld Rhodos, tel. (+30) 22410 88700. Aegean Airlines: Vanaf het vliegveld van Athene worden het gehele jaar door vluchten uitgevoerd (ca. 1 uur en 15 minuten). Inl.: tel. (+30) 210 6261000.

Charters: Het vliegveld van Rhodos heeft d.m.v. chartervluchten een dagelijkse verbinding met vele Europese steden en met Cyprus, Tel Aviv en Cairo. Er is een kantoor van de Griekse Organisatie voor Toerisme (EOT) tot u beschikking, een bank, u kunt er een auto huren, er zijn winkels, bars en voor buitenlandse vluchten winkels waar u belastingvrij kunt inkopen. De bussen van Olympic Airways, waarvan de dienstregeling is afgestemd op die van de vliegtuigen, verbinden het vliegveld met het kantoor in de stad. Voor diegenen die in groepsverband reizen staan bussen van de toeristenbureau's ter beschikking.

Overzee

Grote veerboten onderhouden een dagelijkse verbinding tussen Piraeus en Rhodos. Havendienst van Piraeus, tel. (+30) 210 4226001-3. Gewoonlijk maken de veerboten uit Piraeus een tussenstop op de eilanden Patmos, Leros, Kalymnos en Kos. Rhodos heeft ook verbindingen met de overige Dodekanesos-eilanden en met Kreta, met kleinere boten. De laatste jaren is er een rechtstreekse lijnverbinding Rhodos-Piraeus. Even-een is er sinds 1992 is een verbinding met Thessaloniki. Elke week is er tenminste één tocht per veerboot naar Limassol (Cyprus), Haifa (Israël), Alexandrië (Egypte) en Ancona (Italië).

Vervoer

Om vanaf de belangrijkste wegen kennis te maken met het platteland en de kust van Rhodos, is er een dicht wegennet tot uw beschikking dat de westkust met de oostkust verbindt en door alle dorpen van het binnenland van het eiland komt. De bewijzering is niet de beste die u zich kunt voorstellen, vooral bij de secondaire wegen is goed opletten vereist. Aarzelt u vooral niet om de weg te vragen bij dorpsbewoners die u tegenkomt. Zij zijn altijd bereid om u te helpen. Alle uitstapjes zijn te maken per auto, motor of zelfs met de fiets, als u vertrouwen hebt in uw eigen krachten. U kunt echter ook met bussen reizen, van reisbureau's of van de (meer of minder regelmatige) lijndiensten. De belangrijkste stranden aan de oostkust, tot Lindos, zijn te bereiken per kaik, waarmee dagtrips georganiseerd worden. Tevens zijn er taxi's, en aardig wat motoren autoverhuurbedrijfjes. En natuurlijk vele bezinepompen, zowel in de stad als in de grotere dorpen van het eiland.

Waar kunt u logeren

Al naar gelang uw eigen voorkeur en uw fianciële toestand, kunt u keuze maken uit vele hotels en alle categoriën, kamers of appartementen. Ook zijn er pensions en worden er kamers bij particulieren verhuurd. Behalve de Faliraki-camping zijn er op dit moment nog geen georganiseerde campings op Rhodos. Vrij camperen is op het gehele eiland verboden.

De drukste maanden zijn juli en augustus, u kunt dan beter niet naar Rhodos gaan zonder van te voren een kamer besproken te hebben. Als u desondanks toch op Rhodos belandt zonder een logeeradres achter de hand te hebben, wend u zich dan tot de kantoren van de Griekse Organisatie voor Toerisme (EOT), tel. (+30) 22410 44330, of tot de Toeristenpolitie, tel. (+30) 22410 27423. Gedetailleerde inlichtingen over hotels zijn te verkrijgen bij de Bond van Hotels op Rhodos, tel. (+30) 22410 74559.

Lijst met hotels op Rhodos

Rodos (22410)

ACANDIA	B	22251
ACHILLION	C	22391
ADONIS	C	27791
AEGAION	C	22491
AEGLI	C	22789
AGLA	B	22061
ALEXANDROS	B	34196
ALEXIA	B	24061
ALS	C	22481
AMARYLLIS	C	24522
AMBASSANDER	C	30431
AMPHITRYON	B	26880
ANASTASIA	D	21815
ANDREAS	B	28489
ANGELA	B	24614
AQUA MARIN	C	32669
AQUARIUS	B	27608
ARIS	E	23312
ASTRON	C	28996
ATHINA	B	22631
ATHINEON	A	26112
ATLANTIS	C	24821
ATTIKI	E	27767
AVRA BEACH	A	96284
BEACH HOTEL	B	23857
BELVEDERE	A	89000
BLUE SKY	A	24091
BUTTERFLY	C	75392
CACTUS	B	26100
CAMELOT	B	26549
CAPITOL	B	78821
CARINA	C	22381
CASA ANTICA	B	26206
BELLA VISTA	B	29900
CASTRO	E	20446
CAVO D' ORO	B	74154
CHEVALIERS PALACE	A	22781
CITY CENTER	B	36612
CONGO	C	28977
CONSTANTIN	B	22971
CONTINENTAL	A	30873
CORALLI	B	24912
DESPO	B	22571
DIANA	C	24667
DOMUS	E	25965
DORIAN	D	31796
KRITI	E	79131
KYPRIOTIS	C	35921
LA LUNA	E	25856
LEFKA	C	36792
LIA	E	26209
KAMIROS	A	22591
FLORA	C	77909
FLORIDA	C	22111
ERODIA	B	31361
ESAIAS APRTS	A	29408
ESPERIA	B	023941
EUROPA	B	24810
EL GRECO	C	24071
EMMANOUEL	B	22892
EMPONA	C	24139
EVA APRTS	A	29508
FEDRA	C	22791
FOUR SEASONS	C	31066
GALAXY	C	30007
GEORGE	B	21964
GOLDEN SUN APRTS	A	63983
GOLDEN SUN RISE	C	43003
GRAND HOTEL PALACE	A	54700
HELENA	C	24755
HELIOS APRTS	A	30033
HERMES	C	26022
IBISCUS	A	24421
ILIANA	E	30251
IMPALA	C	36856
INTERNATIONAL	C	24595
INTEUROPA	B	30642
KALHLUA	C	24488
LOMENIZ	B	35770
LOTUS	B	37221
LYDIA	C	22871
MAJESTIC	C	22031
MANISKAS	C	37412
MANOUSOS	B	22741
MARCO POLO	A	25562
MARIE	B	30595
MARIETTE	C	34593
MEDITERRANEAN	A	24661
MIMOZA	C	20432
MIRAGE	A	37417
MOSCHOS	C	24764
NAFSIKA	C	73040
NEW VILLAGE INN	E	34937
NEW YORK	C	22841
NIKOS - TINA	AA	34937
NISIA	D	20682
NOUFARA	C	24545
PANORAMA	B	37540
PARIS	D	26356
PARTHENON	C	22351
PAVLIDES	C	20281
PEARL	C	22420
PHAROS	E	28279
PHILOXENIA	C	37244
PLAZA	A	22501
PRINCESS FLORA	B	62010
RAINBOW	C	75506
REGINA	A	22171
RIVIER	A	22581
RODOS PARK	A	77140
ROYAL	C	31672
S. NIKOLIS	E	34561
SANDY COAST	C	73560
SARONIS	C	22811
SAVOY	C	20721
SEVA'S	D	26213
SEVEN PALMS	D	36830
SIRAVAST	A	23551
SEMIRAMIS	C	20741
SOLARIS	D	30611
SPARTALIS	C	24371
SPOT	E	34737
ST. ANTONIO	C	24971
STAR	D	30611
STATHIS	E	24357
STEVY	A	66031
STEVE	C	24498
SUNNY	C	33030
SUNRISE	B	30009
SYLVIA	C	22551
SYMI	E	23917
TILOS	C	24591
VASSILIA	C	35239
VENUS	C	29990
VIA - VIA	E	77027
VICTORIA	C	24626
VILLA RHODOS	C	20614
XANTHI	D	24996
ZEPHYROS	D	22826
ZEUS	E	23129
ELIT	C	22391

Faliraki (22410)

ACHOUSA	B	85970
ALOE	C	86146
ANASTA	C	85311
ANTONIOS	E	87100
APOLLO BEACH	A	85535
ARGO	C	85461
ATALANTI	B	85980
CAMPANA	E	85281
CATRHIN	A	85080
CHRISOULA	E	85660
DAFNI	E	85544
DANAE	B	85969
DIMITRA	C	85309
COLUMPIA RESORT	A	85610
EVI	C	85586
EVI A*	D	85586
FALIRAKI BAY*	C	85645
FALIRAKI BEACH	A	85301
FALIRO	E	85399
ERATO	B	85414
FIESTA	E	85498
GONDOLA	C	86877
HERCULES	C	85002
IDEAL	C	85518
IKAROS	E	86287
IRINA	B	86070
K. SOTRILIS	D	86070
KOSTAS	C	85520
LIDO STAR	C	87754
LYMPERIA	C	85676
MARAN	C	86108
MARIANA	E	85238
MATINA	C	85813
MODUL	B	85548
MOUSSES	B	85303
NATASA	C	85507
NEFELI	E	85658
NEST	E	85390
ODYSSIA	E	85288
PLATANOS	E	85570
PLATON	D	85229
REA	E	85221
RENA	E	85120
RODANIA	C	85903
SEA VIEW	C	85903
SEMELI	C	85423
SOFIA	C	85003
ST. AMON	E	85430
STEVE	E	86448
SUN PALACE	A	85650
TELCHINES	C	85025
TIVOLI	C	47691
TSAMPIKA	C	85760
VENETIA	C	85612
VIOLETTA	B	85501

Ialyssos (22410)

ALEXANDRA	D	91339
ALIA	B	31410
ANITA	C	94258
ANIXIS	C	91857
APOLLONIA	A	92951
ARGO SEA	B	90168
ARLEKINO	C	94490
BARBIE	C	95280
BARBIE II*	C	95280
BELAIR	A	23731
BELLE ELENE	B	92173
BENELUX	C	94011
BLUE BAY	A	91137
BLUE EYES	C	36797
BLUE HORIZON	A	93481
CARAVEL	A	94143
CAZA MANOS	D	94355
COSMOPOLITAN	A	35373
COSMOS	B	94080
D'ANDREA MARE*	A	96086
DEBBY	C	94651

DIONYSOS	A	23021
EDEM	B	94284
EL DORANTO	C	94021
ELEKTRA PALACE	A	92521
ELENI	C	23050
ELEONAS	B	93791
ELINA	A	92466
FILERIMOS II	A	92510
FILERIMOS	A	92510
FILMAR	C	95313
FORUM	B	94321
FORUM BEACH*	A	96602
GALINI	B	94296
GOLDEN BEACH	A	92411
GOLDEN BEACH	IIA	92411
HILTON RHODES RESORT	AA	75000
HIPPOCAMPUS	D	90206
IALYSOS CITY	B	95611
IALYSSOS BAY	A	91841
ISKAS	C	93205
IXIA	C	93557
KASSANDRA	B	94236
LATIN BEACH	A	94053
LE COCOTIERS	B	96450
LITO	B	23511
LIZA	C	96940
MARIBEL	A	94001
MARIETTAS' PARADISE	C	48209
MARITIME	C	92232
MARITINA	B	90501
METROPOLITAN KAPSIS	A	25015
MIRA-MARE WONDERLAND	A	96251
NATALIE	C	96691
NIKI	B	94065
OCEANIS	A	24881
OLYMPIC PALACE	A	28755
OSIRIS	A	94810
PACHOS	B	92514
PALEOS	A	92431
PALMASOL	C	93566
PEFKA	D	93533
POSEIDONI	AA	29000
POSSEIDONIA II	A	29000
RHODIAN BEACH RESORT	A	89900
RHODOS PALACE	A	25222
ROMA	C	96447
RODINA'S APRTS	D	90081
SANTA HELENA	C	23301
SEA MELODY	A	91026
SOLEMAR	B	95290
SUMMER TIME	C	90100
SUMMER LAND	B	94941
SUN BEACH	A	93821
SUN BEACH II	A	91920
SUN OF RHODOS	C	94380
SUNDAY	C	91921
SUNNY DAYS	A	90006
SWAN	B	94502
TAKIS	D	92543
TASIMARI	C	94380
TERINIKOS	C	92174
KOTINOS	A	92454
VIVIAN	D	93515
WING	C	96361
LA ROSETA	B	92208
TRIANTA	C	94525
VERGINA	C	94386
ATLANTICA PRINCESS	A	92656
KATIA	D	94655
MATOULA BEACH	B	94251
MICHAEL	C	92691

Kremasti (22410)

ALKYONIDES	D	95845
ANSELI	C	94633
ARMONIA	A	93077
EMERALD	C	90177
ESMERALDA	C	94469
GENNESIS	C	27649
KATSARAS	A	95004
KLADAKIS	C	91296
KREMASTI MEMORIES	C	96662
KREMASTI VILLAGE	A	92424
MARGARITA	C	94254
MATSIS	E	91064
MYRTO	D	93400
PILEA	B	92310
SUN FLOWER	B	93893
SUNLAND KREMASTI	B	91133
TSAPPIS	C	96764
VALENTINO	C	94631
VALSAMIS	A	98084
GREEN VIEW	D	91009

Theologos (22410)

ALEX BEACH	A	82422
ALKMINI	B	42300
DORETTA BEACH	A	82540
HAPPY DAYS	B	82665
IFIGENIA	C	20310
IVORY	C	41679
NIRVANA BEACH	B	41127
SABINA	B	41635
STEVENSON	E	41557
SUMMER DREAM	B	41340
MELITON	C	41666
ASTERIA	D	81902

Paradisi (22410)

LIOS	C	94346
RHODIAN SUN	C	81945
SAVELEN	C	81855
VALLIAN VILLAGE	B	81127
VILLA HELENA	C	91175
GREEN VALLEY*	B	93040
MARAVELIA	C	81438

Kalava łra (22460)

VOURAS	D	40003

Monolithos (22460)

THOMAS	D	22741

Salakos (22460)

NYMPFI	B	22206

Maritsa (22410)

MIRA MONTE	E	47244

Pastida (22410)

TOXOTIS	D	47691
GARDEN	C	47008

Archagelos (22440)

AETHONAS	D	24185
ANAGROS	C	22248
ANTHI SUN	C	22619
ARHANGELOS	D	22230
CARAVOS	C	22961
CASTELO SUN	C	23190
FILIA	D	22604
HARAKI BAY	B	51680
KARYATIDES	C	22965
KATERINA	C	22169
MEANDROS	C	22896
NARKISSOS	C	22436
PHOEBUS	D	22600
PORTO ANGELI	A	24000
ROMANTIC	C	22749
ROSE MARIE	C	22263
SEMINA	C	22210
STELLA SUN	C	22978
TSAMPIKA SUN	C	22568

Afantou (22410)

AFANTOU BEACH	B	51586
AFANTOU SKY	B	52347
CRYSTAL	C	51515
FILIPPOS	C	51933
GOLDEN DAYS	C	52302
GOLF VIEW	B	51935
GOLFER'S RESORT	C	27306
IRIS	B	52233
LIPPIA HTL GOLF RESORT	A	52007
OASIS Bungalows Rhodes	A	51771
RENI SKY	B	51125
ROSE OF RODOS	C	52580
SCALA	C	51788
SIVILLA	B	51554
ST. NIKOLAS	D	51171
STAR VIEW	B	52100
YIANNIS	E	51565
KASTELI	D	51961

Kolympia (22410)

ALFA	B	56411
ALFA BEACH*	A	56319
ALLEGRO	B	56286
DELFINIA REZORT	B	56601
DOUNAVIS	B	56212
EFKALYPTUS	E	56218
FANTASY	C	56485
GOLDEN ODYSSEY	A	56401
IRENE PALACE	A	56263
KOALA	B	56296
KOLYMPIA SKY	B	56271
KOLYMPIA BAY	B	56268
KOLYMPIA BEACH	A	56225
KOLYMPIA STAR	B	56419
KOLYMPIA SUN	C	51420
LOUTANIS	C	56312
LUTANIA BEACH	A	56295
LYDIA MARIS	A	56294
MARATHON	B	56380
MARY-ANNA PALACE	A	56466
MEMPHIS BEACH	B	56288
MISTRAL	B	56346
MYRINA BEACH	C	56254
NIRIIDES BEACH	A	56449
RELAX	B	56220
TINA FLORA	B	56251
TROPICAL	B	56279

Lindos (22440)

AMPHITHEATER	B	31321
ATRIUM PALACE	A	31601
DANIEL	C	31584
EL VITA BEACH	C	44395
ELIOULA	B	44594
ELLI	E	31803
FILIMON	C	48158
FINAS	B	48107
KALATHOS SUN	D	31160
KALLIGA	C	31150
LINDOS AVRA	C	31376
LINDOS BAY	A	31501

LINDOS MARE	A	31130
LINDOS MEMORIES	B	48153
LINDOS PINES	B	48259
LINDOS STAR	B	31522
LINDOS SUN	C	48270
LYDIAN VILLAGE	B	47361
MATINA PEFKI	B	48296
PALM BAY	C	48073
PEFKI ISLAND RESORT	C	48181
PEFKOS BEACH	B	48008
PEFKOS VILLAGE RESORT	B	48082
STEPS OF LINDOS	A	31062
STEPS OF LINDOS II	B	32000
SUMMER MEMORIES	C	48146
SUN GARDEN	B	31540
SUNRISE	B	48311
THALIA	C	48249
VILLE DI LINDOS	B	48260
VLICHA SANDY BEACH	C	31042
XENI	D	31171
YIOTA	B	31605
ST. JOHN	B	44169

Genadi (24404)

BETTY	C	3020
CHRISTIANA	C	43228
DOLFIN	C	27172
EVAGELOS	C	43082
AMPELIA BEACH	B	43428
GENNADI BAY	C	43194
GENNADI SUN	C	43453
KAMINDOS	C	43100
MARITA	C	43048
OLYMPOS	C	43029
PANORAMA GENNADI	C	43315
SUMMER BREEZE	C	43445
TINA'S	C	43340

Lardos (22440)

ANTONIS	D	44021
BELL MARE	B	44248
FEDRA	D	44213
ILYSSIO	C	48364
KAMARI BEACH	A	44244
LARDOS BAY	B	44085
LARDOS SUN BEACH	C	44203
LOSTAS	C	44141
MONTEMAR	B	44097
OLIVE GARDEN	C	44364
SMARA	C	44264
ST. GEORGE	B	44203
STAFILIA	B	47310
SUN SHINE	C	44128

Kiotari (22440)

AEKATERINI	B	47048
KABANARIS BAY	C	47149
KIOTARI BAY*	A	47375
KIOTARI BEACH	C	43521
PRINCESS SUN	A	47105
RODOS MARIS	A	47017
RODOS PRINCES	A	47102
RODOS VILLAGE	A	47201
VILLA SYLVANA I	C	47167
VILLA SYLVANA II	C	47167

Koskinou (22410)

BLUE SEA	A	85582
BLUE STAR	B	87640
CALYPSO	A	85623
CALYPSO PALACE	A	85621
ESPERIDES	A	85525
ESPEROS PALACE	A	85734
ESPEROS VILLAGE	A	86046
ANKER	A	68149
DOROTHEA	C	65134
EDEN ROCK	A	67067
EPSILON	A	85912
CASTELLO	B	64856
KRESTEN PALACE	A	64612
LE CHEF	D	62304
PARADISE ROYAL MAREA	A	66060
PARADISE VILAGE	A	67040
PEGASOS BEACH	A	85103
RODOS ROYAL	A	85490
SUNWING	A	88100
VIRGINIA	B	62041
COLOSSOS BEACH	A	85524
OLYMPOS BEACH	A	87511
PALLADIUM*	A	86004
LOMENIZ BLUE	B	63344

Apolakia (22440)

AMALIA	C	61365
SCOUTAS	E	61251

Lachania (22440)

LACHANIA	D	43089

Ladiko (22410)

LADIKO BUNGALOWS	A	85636

Kritika (22410)

SIRENE BEACH	A	30630

Teksten: T. PETRIS
Artistieke verzorging: NORA ANASTASOGLOU
Fotografien: M. TOUBIS S.A., A. PACHOS, T. SPYROPOULOS, N. PASSALIS

Bewerking - Drukwerk: M. Toubis S.A.